読みなおす日本史

# 卑弥呼の時代

吉田 晶

吉川弘文館

# 目　次

# 序章　「卑弥呼の時代」へのいざない

現在の日本では、卑弥呼や邪馬台国に対して、〝国民的〟といってもよいほどに根強い関心が寄せられている。卑弥呼はどういう女性だったのか、彼女の直接の勢力基盤となっていた邪馬台国は列島内のどの位置に存在したのかといった問題などは、単に歴史学上の学問的な問題であるにとどまらず、歴史に関心のある市民たちの疑問に答えることの求められている課題でもある。本書ではこうした課題に対して私なりに答えたいと思っている。もとよりこうした課題に関しては厖大な研究の歴史がある。現在までに積み重ねられてきた諸先学の研究成果は貴重な内容を持っており、本書もそれらの成果に依るところが大きい。以下の叙述では、先学の成果に学びながら、とくに次の四点に留意したいと思う。

**本書の立場と方法**　第一は、いわゆる「魏志倭人伝」の史料的価値についての検討である。よく知られているように「魏志倭人伝」とは、三世紀末葉に晋の著作郎の地位にあった陳寿《ちんじゅ》の著作である『三国志』のなかの一節で、「魏書《ぎしょ》」巻三十に収められている東夷伝《とういでん》のなかの倭人条《わじんじょう》のことである。どのような歴史書でも、その著者の生きていた時代、著者の立場や世界観、著者が入手することのできた基礎史料などによって、一定の制約を受けるものである。「倭人伝」についても同様であって、その記述内容を現在のわれわれがどの程度まで信用できるかは慎重に検討する必要がある。従来からもっとも議論の分かれる邪馬台国の位置に関する記述も、三世紀代の中国王朝とそのもとで生きていた知識人たちの、倭国の地理的位置に関する当時の「常識」に大きく制約されている。したがってその記述から邪馬台国の位置を考える場合、彼らの「常識」を批判的に検討することが必要となる。こうしたことは「魏志倭人伝」の記述の全体について必要なことである。

第二は考古学研究の成果を積極的に吸収することである。卑弥呼の時代は二世紀末から三世紀の中頃までであるが、この時代は考古学でいう弥生時代後期に当たっている。近年の考古学の発達はめざましいものがあり、弥生時代に関する研究も著しく進展している。先年行なわれた佐賀県吉野ケ里《よしのがり》遺跡の発掘は、卑弥呼の時代から約百年ほどさかのぼる弥生中期からのものであるが、その調査の成果は、弥生時代についての私たちのイメージを著しく豊かにしてくれた。もとよりこのほかにも重要な遺跡の調査は数多く行なわれており、卑弥呼の時代を具体的に考えるうえで、考古学の成果はきわめて重要な意味を持っている。「倭人伝」という文献史料だけで卑弥呼の時代を論じることのできた時期はすでに終わっているといってよい。本書でも可能な限り考古学の成果を吸収して叙述することにしたい。

第三は東アジアの国際関係のなかで卑弥呼の時代を位置づけることである。東アジアの東端に位置する倭人社会は、原始・古代を通じて朝鮮半島や中国大陸と密接な関係にあった。このことについては以前からも注意されてきたが、近年とくにすぐれた研究が数多く発表されるにいたっている。卑弥呼の時代を正確に理解するうえで、当時の東アジアの国際関係とその推移、それぞれと倭人社会との関係をあきらかにすることはすこぶる重要な意味がある。本書でも諸先学の研究成果に学びながら、卑弥呼の時代を東アジアの国際関係のなかで位置づけることに努めたいと思う。

第四は「倭人伝」に記されている倭人社会の習俗や社会に関する記述を、前述の「魏書」巻三十に収められている烏丸伝《うがんでん》・鮮卑伝《せんぴでん》・東夷伝の東アジアの諸種族の習俗や社会についての記述と比較し検討することである。このことは東アジアのなかでの倭人社会の特徴をあきらかにすることだけではなく、他種族との比較を通じて三世紀の倭人社会の内容をより豊かに認識することにもなる。

以上、「倭人伝」に対する史料批判を重視すること、考古学の成果を積極的に吸収すること、卑弥呼の時代を東アジアの国際関係のなかで位置づけること、当時の倭人の習俗と社会のあり方を東アジアの諸種族のそれと比較史的に検討すること、の四点を本書の留意点として述べた。

**本書での重点的課題**　ところで以上の諸点に留意しながら、本書の叙述に関していくつかの重視したい問題がある。その一つは、弥生時代の「戦争と平和」の問題である。従来の弥生時代に対するイメージの形成に大きな影響を与えていたのは、敗戦直後の一九四七年から始まった静岡県の登呂《とろ》遺跡の発掘であったといえると思う。同遺跡は卑弥呼の時代である弥生後期の遺跡であるが、矢板《やいた》を打ち込んだ溝によって区画された広大な水田址、その近傍の竪穴住居址《たてあなじゅうきょし》群が高床式《たかゆかしき》倉庫を伴って営まれているという集落形態、それらの遺構が森林にかこまれて存在したことなどが明らかにされている。この登呂遺跡の全体から得られるのは、牧歌的で平和な農村のイメージであった。ところが最近の考古学の成果によれば、弥生時代とくに中期以降は戦乱の時代であったことが明らかになっている。人体を殺傷するための武器の発達、外敵の攻撃を防御するための環濠集落《かんごうしゅうらく》や高地性《こうちせい》集落の存在、戦闘によって死亡したことのあきらかな人骨の検出などが、その顕著な事例である。たしかに弥生時代の倭人社会では、いくつかの波をもちながら列島的規模できびしい戦争が行なわれていたのである。

「倭人伝」にも戦乱に関する記述が三つある。卑弥呼の登場自体が列島的規模での戦乱の終結を求めた結果であったし、彼女の治世の末年には狗奴《くな》国との戦争があった。さらに卑弥呼の死後、後継者の決定をめぐっての戦乱があった。卑弥呼の時代は軍事的緊張の強い時代であり、当時の倭人社会は戦争と平和のあやうい均衡のもとにあった。卑弥呼の時代の「戦争と平和」はそれぞれどういう歴史的条件を持っていたのか、このことはこの時代を正確に理解するうえで、すこぶる重要な課題といってよいだろう。

今一つの課題は、右のような軍事的緊張関係を背景に持ちながら成立している卑弥呼の王権の歴史的性格に関する問題である。卑弥呼の登場以前にすでに「倭国王」は存在した。またその後の五世紀代には「倭の五王」として知られる「倭国王」も存在する。それらの「倭国王」の王権と卑弥呼の王権とは、どの点で共通しどの点で相違しているのか。このことは日本古代の王権の歴史、ひいては日本古代における国家形成の歴史と不可分の関係にある。卑弥呼の時代に対する検討はこのような課題との関連で行なわなければならないだろう。

新書版という限られた紙数の範囲で、右のような諸課題についてどの程度まで叙述しうるかについて若干の不安もないわけではないが、可能な限り具体的にそれぞれについて述べることにしたい。

# 第一章　「魏志倭人伝」と邪馬台国の位置論

## 1　『三国志』と「魏志倭人伝」

**陳寿と『三国志』**　「魏志倭人伝」とは『三国志』魏書巻三十東夷伝倭人条の略称で、『三国志』は陳寿の著作である。陳寿は三国時代に蜀《しょく》の国の巴西《はせい》郡安漢《あんかん》県（現四川省南充県）に生まれた。二九七年（元康七）に六五歳（数え年）で没しているから、二三三年（蜀年号建興一一）に生まれたことになる。卑弥呼とほぼ同時代人である。幼少時から学問を好み同郡の譙周《しょうしゅう》に師事し、やがて蜀に仕えた。当時、蜀では宦官《かんがん》の黄皓《こうこう》が権勢を握っていたが、陳寿はそれに迎合しなかったので不遇だったようである。蜀は二六三年（魏年号景元四）に滅亡し、陳寿は職を失う。二六五年（泰始元）、晋の武帝は魏の元帝の禅譲《ぜんじょう》を受けて王朝を立てるが、やがて陳寿は晋の高官の張華《ちょうか》にその学才を見出されて晋に仕えることになる。孝廉《こうれん》を経て歴史編纂の職である著作郎の佐（次官）、やがて著作郎となり、諸官も歴任するが、太康《たいこう》年間（二八〇〜九）に『三国志』全六五巻を撰述する。同書は同時代人の間で「良史」としての評価が高かったが、陳寿の死後、范頵《はんくん》らの推奨によって「正史」としての扱いを受けることになる。陳寿には同書のほか『益都耆旧伝』十篇や『古国志』五十篇・『諸葛亮故事集』二十四篇などの著作もあるが、現存しない。

『三国志』の史書としての評価はその後も高く、裴松之《はいしょうし》（三七一―四五一）は宋の文帝の命をうけて四二九年（元嘉六）に同書に関する「注」を完成している。この注は、陳寿の省略した諸事実や、陳寿が簡潔に述べている事柄などについて、裴松之が入手しえた諸史料を関係箇所に「注」として補ったものである。この裴松之の注を含む『三国志』は、その後、人びとによって筆写されたが、十一世紀以降、歴代の王朝の史官による校訂をもとにして、木版本が刊行されている。その主要なものは次の通りである。

## 『三国志』の刊本

①北宋　咸平監本《かんぴょうかんぽん》　十一世紀初頭に刊行された最古の刊本であるが現存しない。

②南宋　紹興本《しょうこう》　十二世紀中葉に刊行。魏書三十巻のみ中国に現存する。

③南宋　紹熙本《しょうき》　十二世紀末に刊行。咸平本の復刻と推定されている。日本の宮内庁に一〜三巻を除いて現存する。

④明　南京国子監本　十六世紀中葉に刊行。現存する。馮夢禎《ひょうむてい》が校定している。

⑤汲古閣本　十七世紀中葉に、毛晋《もうしん》が所蔵していた善本を刊行したもので現存する。

⑥清　武英殿本　十八世紀前半に明の北京国子監本によって刊行したもので現存している。

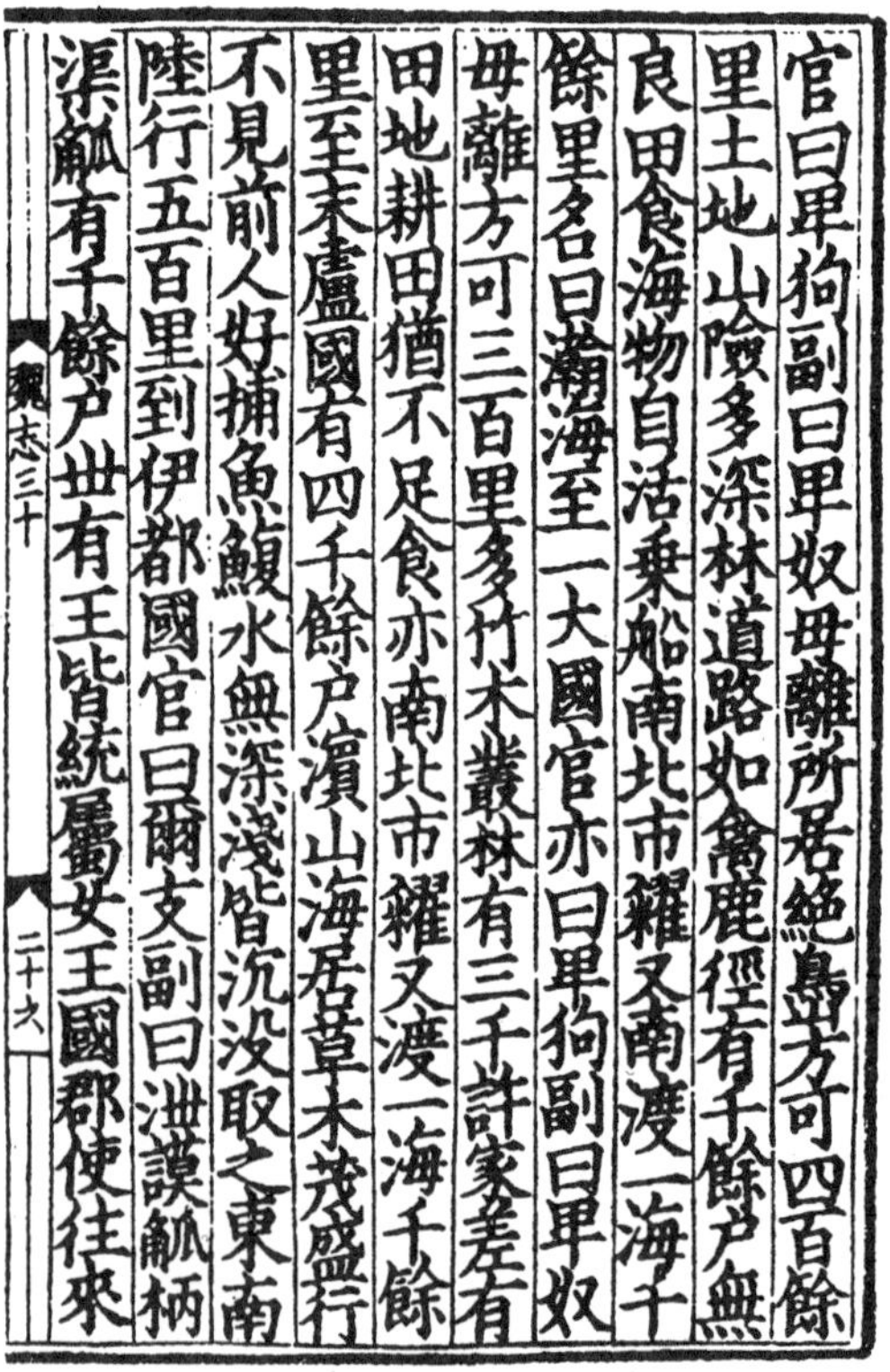
官曰卑狗副曰卑奴母離所居絶島方可四百餘
里土地山險多深林道路如禽鹿徑有千餘戸無
良田食海物自活乗船南北市糴又南渡一海千
餘里名曰瀚海至一大國官亦曰卑狗副曰卑奴
母離方可三百里多竹木叢林有三千許家差有
田地耕田猶不足食亦南北市糴又渡一海千餘
里至末盧國有四千餘戸濵山海居草木茂盛行
不見前人好捕魚鰒水無深淺皆沉没取之東南
陸行五百里到伊都國官曰爾支副曰泄謨觚柄
渠觚有千餘戸世有王皆統屬女王國郡使往來
魏志三十　二十六

「百衲本」倭人伝の一節

二十世紀に入って、張《ちょう》元済《げんさい》（一八六七〜一九五九）が中心になって、上海商務印書館から「百衲《ひゃくのう》本《ぼん》二十四史」の一つとして『三国志』を校訂刊行した。同書は②の紹興本と③の紹熙本を底本としているが、底本との間に差異があり、校訂の事情を明らかにしていないため問題も残っている。その後、一九五九年に中華書局から活字版の標点本が刊行された。同書は、百衲本・⑥の武英殿本・④

の南京国子監本・⑤の汲古閣本の四種を底本に校定したもので、校定事情も明記されている。また標点がほどこされているので読みやすい便もあるが、いくつかの箇所で標点の打ち誤りもあり、正確な読み取りには慎重であることも必要である。現在、日本でもっとも入手しやすい「魏志倭人伝」の原史料は、石原道博編『新訂　中国正史日本伝(1)』(岩波文庫、一九八五年)であるが、同書には、百衲本の「倭人伝」の写真版が収録されている。

**陳寿の立場と『三国志』**　『三国志』は魏書三十巻・蜀書十五巻・呉書二十巻の六十五巻からなるが、三国のうち魏を正統の王朝とし、魏書にのみ「帝紀」四巻が設けられている。このことは、陳寿が魏の後を継いだ晋に仕えていたという事情と、魏が禅譲の名目で後漢から政権を受け継いだという歴史過程もあってのことと思われる。こうした魏を正統の王朝とする扱いは、周辺の諸種族に関する記述の形態にもあらわれている。『三国志』中に周辺諸種族についての記述のあるのは魏書の巻三十の烏《う》丸《がん》伝・鮮《せん》卑《ぴ》伝・東夷伝のみで、これらはいずれも魏王朝と関係のあった諸種族である。これに反して呉が接触していた東南アジアの諸種族に関しては、まったく「伝」を立てていない。

右のような『三国志』の周辺諸種族に対する記述形態のうち、とくに詳細なのは東夷伝である。このことは晋の武帝の祖父にあたる司《し》馬《ば》懿《い》が、公《こう》孫《そん》淵《えん》を滅ぼして遼東地域や朝鮮半島の楽浪・帯方郡をも魏の支配下におさめたことと関係する。もとよりこのことによって魏が東アジアの諸種族と具体的な関係をもつようになり、多くの情報が魏王朝に蓄積されたという事情もある。だが魏は蜀の西方に位置する大月氏《だいげつし》国とも通交しているのであるが、大月氏については「伝」を立ててはいない。この東夷伝の詳細さについては、その記述によって司馬懿の功績を称揚し、それによって蜀の出身でありながら晋朝に重用された陳寿が、司馬氏＝晋朝に対する忠誠を強調しようとしたもの、と推定されているが、充分にありうることとみてよいであろう。こうした事情からにせよ詳細な東夷伝が記され、そのなかで倭人に関しても叙述されることになったのは、私たちにとって好運であったといわなければならないだろう。

**「倭人伝」通行本の誤記**　ところで「魏志倭人伝」の通行本となっている百衲本や中華書局本には、いくつかの誤りがある。邪馬臺（台）国を邪馬壹国とするのはその主要な例である。かつて「邪馬臺国はなかった」という論議が華々しく行なわれた時期もあったが、今日では「邪馬壹国はなかった」とみるのが通説となっている。たしかに現存する最古の刊本である②の紹興本や③の紹熙本に「邪馬壹国」とあり、以後の『三国志』の刊本も同様なのであるが、それらの成立した十一～二世紀以前に編纂された諸書には「邪馬臺国」と記されている。後漢書・梁書・隋書・通典・太平御覧などの場合がその例となる。とくに七世紀前半期に魏徴《ぎちょう》が著した隋書の本文に「魏志のいわゆる邪馬臺国なり」とあることなどは注意すべきことである。このほか倭国内の国名に「一大国」とあるのが「一支国」の誤りであること、またすでに指摘されていることだが、卑弥呼がはじめて魏王朝と通交した年月を景初二年六月とするのは、景初三年六月の誤りである。

以上、『三国志』を含む書誌学的な研究状況の概要について述べた。こうした書誌学的な研究は倭人伝研究の基礎的な作業として、今後とも重視する必要がある。

## 2　「倭人伝」の内容と史料的価値

**「倭人伝」の段落区分**　「倭人伝」の本文は全部で二〇〇八字からなる。その内容を理解するためにいくつかの段落に区分することが従来から行なわれている。その区分法にはいくつかの説もあるが、本書では次の四つの段落に区分することにしたい。

Ａ　行程および諸国に関する記事　「倭人在帯方……至女王国万二千余里」

この段落は、まず全体の序論にあたる「倭人は帯方郡の東南の大海の中に在り、山や島によって国邑を為す。もと百余国、漢の時に朝見するもの有り。今、使訳を通ずるところ三十国」からはじまり、帯方郡からの行程と対馬《つしま》・一支《いき》・末盧《まつら》・伊都《いと》・奴《な》・不彌《ふみ》・投馬《とうま》・邪馬台《やまたい》の諸国に至る行程とそれぞれの国の官と戸数、いくつかの国の概況を記し、そのあとに卑弥呼に統属する二十一の国名を列記し、次に卑弥呼に対立する狗奴《くな》国について述べ、最後に帯方郡から「女王国」に至るまでの距離が一万二千余里であると記している。この段落の行程記事が邪馬台国の位置論争の主要な素材となっていたことはいうまでもない。

B　習俗・社会および自然記事「男子無大小……各有差序足相臣服」

この段落は、本書で重視する黥面《げいめん》（顔にするいれずみ）、文身《ぶんしん》（顔以外の身体にするいれずみ）の習俗の記述に始まり、男女の服装、武器の種類、死者に対する喪礼、航海の安全を守るための呪術者である「持衰《じさい》」、生業と物産、骨を灼《や》いての卜占、集会の形態、大人と下戸に関する記述、法と裁判の大要などの内容から構成されている。「倭人伝」自体の構成からすると、次のCと併せて一つの段落とするのが妥当であるが、習俗と社会に関する記述を重視して一つの段落として区別しておく。

C　倭国の政治体制に関する記事「収租賦有邸閣……周旋可五千余里」

この段落は細分すると、四つの部分からなる。①統治機構に関する記述で、租税を収納する「邸《てい》閣《かく》」の存在、諸国の市とそれを監督する「大倭《だいわ》」の存在、伊都国に常駐して北部九州の諸国を検察し外交上の実務を厳格に行なう「一大率《いちだいそつ》」についての記述からなる。②大人《たいじん》と下戸《げこ》との日常的な儀礼的行動が記されている。この記事は前段落のBの習俗・社会にかかわるものでもあるが、大人と下戸との身分的・政治的な階層性を具体的に述べたものとして理解しておく。③卑弥呼の「倭国王」として登場する事情とその王権の特徴およびその宮廷の概要を述べる。④前述のA以外の侏儒《しゅじゅ》・裸《ら》・黒歯《こくし》の三国について記すとともに、「倭地」の全体としての地理的景観を総括する。三国の「小人の国」「はだかの国」「歯の黒い国」の国名からも推定できるように、この部分は「倭人伝」全体のなかでも、もっとも信憑性《しんぴょうせい》に問題のある部分である。

D　倭国と魏との外交関係記事　「景初二《（ママ）》年六月……異文雑錦二十匹」

この段落に魏と倭国との外交関係記事がまとめられている。内容は大別して三つの部分からなる。①景初三年の卑弥呼の魏に対する遣使と、それに対する魏皇帝（斉王芳《さいおうほう》、少帝）の「制詔」の全文を掲げている。②正始元年・正始四年・正始六年の外交記事。③正始八年の外交記事であるが、内容的には卑弥呼と狗奴国王との戦争、卑弥呼の死と後継者をめぐる戦乱、壹与《いよ》が「倭国王」となり、彼女のもとでの魏との通交記事が記されている。

以上、「倭人伝」の内容を私の理解する四段落に区分して概観した。陳寿は以上のような内容の「倭人伝」を記すにあたって、どのような史料を持っていたのであろうか。従来から考えられてきたのは大別して三つの種類からなる史料である。

**「倭人伝」の素材となった史料**　第一は、魏王朝の残した倭国との公的な外交に関する記録である。Dに収められている少帝の「制詔」などはその代表的なものである。このほかに考えられるのは、景初三年に魏の都である洛陽《らくよう》に使した難升米らが、魏王朝からの問いに対して答えた倭国に関する応答である。中国王朝では、遠方からの使節が訪れてくると、その国の実情などについて質問し、その答などを記録することが行なわれていた。つまり、東アジアの宗主国として、朝貢国の実情を正確に把握しようとしていたわけである。時代は下るが、六〇〇年に隋に派遣された使節が、時の文帝の質問に対して、倭国の統治形態の一端を答えた記事が、『隋書』の「倭国伝」に記されている。「倭人伝」

中にこうした倭国からの使節に対する質問や応答が含まれていたことについての明証はないが、何らかの記録が魏王朝の側に残されていたことは、充分に考えてよいことである。

第二は、魏から帯方郡を通じて倭国に派遣された使節の復命書である。「倭人伝」の記すところによれば、魏の使節としては、正始元年（二四〇）に梯儁《ていしゅん》ら、正始八年（二四七）に張政《ちょうせい》らが倭国を訪れている。彼らはその外交目的の結果をも含めて、倭国に関する観察記録をも復命書として提出した。こうした復命書は中国王朝の側で周辺の諸種族に関する知識を蓄積し、それぞれに対する外交政策の立案に大きな役割を果たすことになる。こうした復命書は広義での外交に関する公的記録であるが、前述のものが魏王朝自体で作成されたのに対して、やはり異なった内容をもっており、両者は区別しておく必要があろう。後述するように「倭人伝」の多くの部分は、こうした復命書を基礎にして記述したものとみることができる。

第三は、倭に関する中国での先行の史書である。なかでも重視されてきたのは、王沈《おうしん》（?～二六六）の『魏書』と、魚豢《ぎょかん》（?～太康年間〔二八〇～二八九〕）の『魏略』との関係である。両書とも完本は現存しない。『魏略』に関しては、清代に張鵬一《ちょうほういっ》が諸書の逸文を集めて『魏略輯本』を編集している。「倭人伝」と『魏書』・『魏略』との関係については諸説もあるが、今日までの諸研究によって次のように考えておく。

『魏書』との関係については、王沈が二六六年に死亡しており、『三国志』がその後の太康年間（二八〇〜二八九）に書かれていることから、陳寿がそれを見ていたことは確実である。だが裴松之の「注」をみると、「魏書」巻三十の烏丸伝や鮮卑伝に王沈の『魏書』をしばしば引用しているにもかかわらず、「倭人伝」を含む東夷伝にはまったく引用されていない。このことは王沈の『魏書』に東夷伝がなかったことを物語っている。この場合、前節で述べた陳寿の司馬氏に対する特別の立場も考慮されてよい。陳寿は王沈とちがって東夷伝を立てる必要があったわけである。

『魏略』との関係については、通説では「倭人伝」は『魏略』を基礎にして書かれたとされている。だがすでに指摘されているように、魚豢が『魏略』を書いたのは、彼の晩年の太康年間のことであり、陳寿が『三国志』を書いたのとほぼ同じ時期であって、その親子関係については微妙な関係にある。山尾幸久は、魚豢を洛陽の市井の文人とみて、晋の著作郎で公的な歴史編集の中心的地位に陳寿がいたことを重視して両書の親子関係を否定し、両書にほぼ同文の記述がみられるのは、ともに王沈の『魏書』に依ったものとする。角林文雄は、王沈の『魏書』に東夷伝がなかったとし、また魚豢は魏の「郎中」の地位にあって必要な史料をみることもできたとし、両書にほぼ同文の記述がみられるのは、すでに魏の外交に関する官衙《かんが》である大鴻臚《だいこうろ》において、東夷伝の原型となる文書が作成されており、魚豢も陳寿もこれを史料として利用したからである、とする。率直にいって、魚豢の経歴についてはなお問題が残されており、また魏の大鴻臚がすでに東夷伝の原本となる文書を作成していたことも明証があるわけではない。だが、王沈の『魏書』に東夷伝がなかったことは前述の通りである。両書の共通性は、前記した第一・第二の史料の共通性から生まれたものとみるべきであろう。

以上のようにみてくると、「倭人伝」は卑弥呼とほぼ同時代人であり、晋の著作郎として前代の魏の倭国に関する諸史料を利用しうる地位にあった陳寿の著作であり、卑弥呼の時代の倭人社会を研究するうえでの第一級の価値をもつ文献史料であることを、あらためて確認することができる。だが「倭人伝」によって当時の倭人社会の実像を考えようとする場合、いくつかの留意すべきことがある。

**「倭人伝」の史料としての問題点**　第一は、当然のことではあるが、「倭人伝」は当時の魏の人びとの残した史料にもとづいて、中国人である陳寿が書いたものである、ということである。「倭人伝」の内容のうち、Aの行程および諸国に関する記事、Bの習俗・社会および自然記事などは、前述の倭国に使節として訪れた梯儁や張政らの復命書を基礎にしたものとみてよい。その内容は当時の倭人たちよりもはるかに高文明の段階にあった魏の使節による「民族誌（エスノグラフィー）」としての性格をもっている。そこに鋭い客観的観察の含まれていることは事実であるが、その一方で当時の中国人の価値基準（常識）による対象理解の歪《ゆが》みのあることも否定できない。当時の倭人社会の実像に迫るためには、こうした「歪み」についての慎重な配慮が必要である。

第二は、魏の使節が二四〇年と二四七年の二回にわたって倭国を訪れていることは事実であるが、いずれも北部九州の伊都国（福岡県前原市）までであり、その先へは行っていない、ということである。もとよりこのことについては異説もある。とくに二四〇年の梯儁が、魏皇帝の詔書や卑弥呼の

「金印紫綬」を携えており、これを倭王に拝假したとあることから、中国史の常識からすると、梯儁らが卑弥呼に直接渡したとみなければならない、と主張されている。たしかに「拝假」の用語や、「詔書」「金印紫綬」の取り扱いに関する中国史の常識からすればその通りであるが、当時の倭国の外交実務の扱いはこうした中国史の常識とは異なるものであった。

伊都国に関する記述に「郡使（帯方郡からの使節）の往来して常に駐《とど》まる所なり」とあること、一大率の業務に関して、往来する外交使節、そのなかには「郡使」も含まれているのであるが、すべての使節について「津に臨んで捜露《そうろ》し、文書・賜遺《しい》の物を伝送して女王に詣《いた》らしめ、差錯《ささく》するを得ず」と記されている。この「文書」や「賜遺の物」には、当然、詔書や金印紫綬も含まれていたとみなければならない。当時の倭国では、外国からの使節はすべて伊都国にとどめられ、外交文書や諸物は一大率が女王のもとに間違いなく伝送することになっていた。魏の使節といえどもその例外ではなかった。そのこともあって、前記のようなことが「倭人伝」に記されたわけである。これらの記事が魏の使節の復命書によることはいうまでもない。

このことから「倭人伝」中の魏使の直接観察を基礎にした記述については、それが北部九州地域のとくに伊都国にとどまっていた時期のものである、という限定を付けることが必要になってくる。このことはさまざまな問題を含んでいるのであるが、充分に留意しておく必要がある。

第三は、古来、論議の集中する伊都国から邪馬台国への行程・方角に関する記事の信憑《しんぴょう》性をめぐる問題である。この記事については、第一の当時の中国人の常識、この場合は魏王朝期の倭国の位置に関する地理像であるが、その常識の当否とともに、魏の使節が二回とも邪馬台国までは行っていない、という二重の問題が含まれている。「南」へ「水行十日、陸行一月」の記事のうち、日程に関する記事については、魏の使節が伊都国で卑弥呼からの返書を待っていたことと、当然、一大率から行程と日数を聞かされていたと思われるので、一定の信憑性を認めることもできるが、それ以上の史実を「倭人伝」に求めることはできない、といわなければならない。こうした「倭人伝」の記述の限界を認めたうえで、邪馬台国の位置問題を考える必要がある。

第四の問題は「倭人伝」中に魏の使節あるいは陳寿が自らの見解や考証を述べている部分の取り扱いである。B段落中の黥面文身に関する記述の末尾に、この習俗との関連で倭国の位置について、「其の道里を計るに当《まさ》に会稽東冶《かいけいとうや》の東に在り」と述べている部分や、C段落の末尾に「倭地を参問するに、海中洲島の上に絶在し、あるいは絶えあるいは連なり、周旋五千余里ばかりなり」とある部分などがそれにあたる。これらは、魏使あるいは陳寿が抱いていた倭国の地理像を述べたもので、現実の倭国の地理そのものではない。この部分などを論拠として列島内の現実的な邪馬台国の位置を論じることなどは、およそ無意味なことといわなければならないだろう。

第五の留意事項は、すでに序章でも述べたことではあるが、「倭人伝」によって当時の倭人社会の実態を考えようとする場合、「魏書」巻三十に収められている烏丸伝・鮮卑伝・東夷伝の他の種族に関する記述を、裴松之の「注」をも含めて比較史的に検討する必要がある、ということである。たとえば刑罰の連坐《れんざ》に関する「倭人伝」本文の記述では、罪を犯した本人に対してどのような処分が行なわれたかの記述を欠くが、夫余《ふよ》や高句麗《こうくり》での記述から、軽罪でも本人が死刑に処せられたとみられることなどは、その一つの例となる。

本書では、「倭人伝」に関する以上のような認識を基礎にして、卑弥呼の時代の倭人社会の実像に迫りたいと思う。次節では、前述のような史料的価値についての認識にもとづいて、古来、最も議論の集中する邪馬台国の位置論について述べることにしたい。

## 3　邪馬台国の位置問題について

**位置論についての基本的立場**　「倭人伝」研究の歴史のなかで、もっとも論議の集中したのは邪馬台国の位置に関する問題であり、現在もさまざまな議論が繰り返し行なわれている。大別して畿内説と九州説に分かれるが、それ以外の諸説もあり、最近では「村おこし」「町おこし」の対象としての議論もないではない。こうした邪馬台国の位置をめぐる議論において、人びとが暗黙の前提としていたのは、「倭人伝」の方角や行程記事と現実の日本列島の地理とをどのようにして一致させるか、という問題関心であったといってよい。畿内説では方角の「南」とあるのを「東」の誤りとし、九州説では行程記事の日数や里程を短く考えようとする。その限りでは、それぞれ自説に都合のよいように、「倭人伝」の記述を、いわば恣意的に読みかえているわけである。だがこのような「倭人伝」の読みかえは行なうべきではないというのが、本書の立場である。「倭人伝」の記述を尊重して、三世紀代の中国人が倭国および邪馬台国の位置について、どのように考えていたのかを正確に理解することが、第一の前提である。その結果が現実の日本列島の地理と合致しないならば、そのような地理観念のもつ歴史的意味を明らかにしなければならない。そうした作業のうえで考古学などの関連諸科学の成果をもふまえて卑弥呼の時代の全体との関連で総合的に考察する必要がある。本節では以上のような観点から邪馬台国の位置論について考えたいと思う。

**行程記事の読み方について**　まず行程に関する記述を摘記すると次の通りである。帯方郡から朝鮮半島の海岸を南へさらに東へ水行すると狗邪韓《くやかん》国に至る。ここまでは七千余里である。そこから海を渡ること千余里で対馬国に至る。さらに南へ海を渡ること千余里で一支国に至る。また海を渡ること千余里で末盧国に至る。東南へ陸行して五百里で伊都国に至る。東南百里で奴国に至る。東行するこ と百里で不弥国に至る。南へ水行二十日で投馬国に至る。南へ水行十日、陸行一月で邪馬台国に至る。帯方郡から女王国（邪馬台国のこと）に至る距離は一万二千余里である。

右の行程記事について、従来から読まれてきた方法は、それぞれの記述を記されている通りに連続式に読むことであった。それに対して榎一雄は「倭人伝」の行程記事は伊都国へ着くまでの記事では

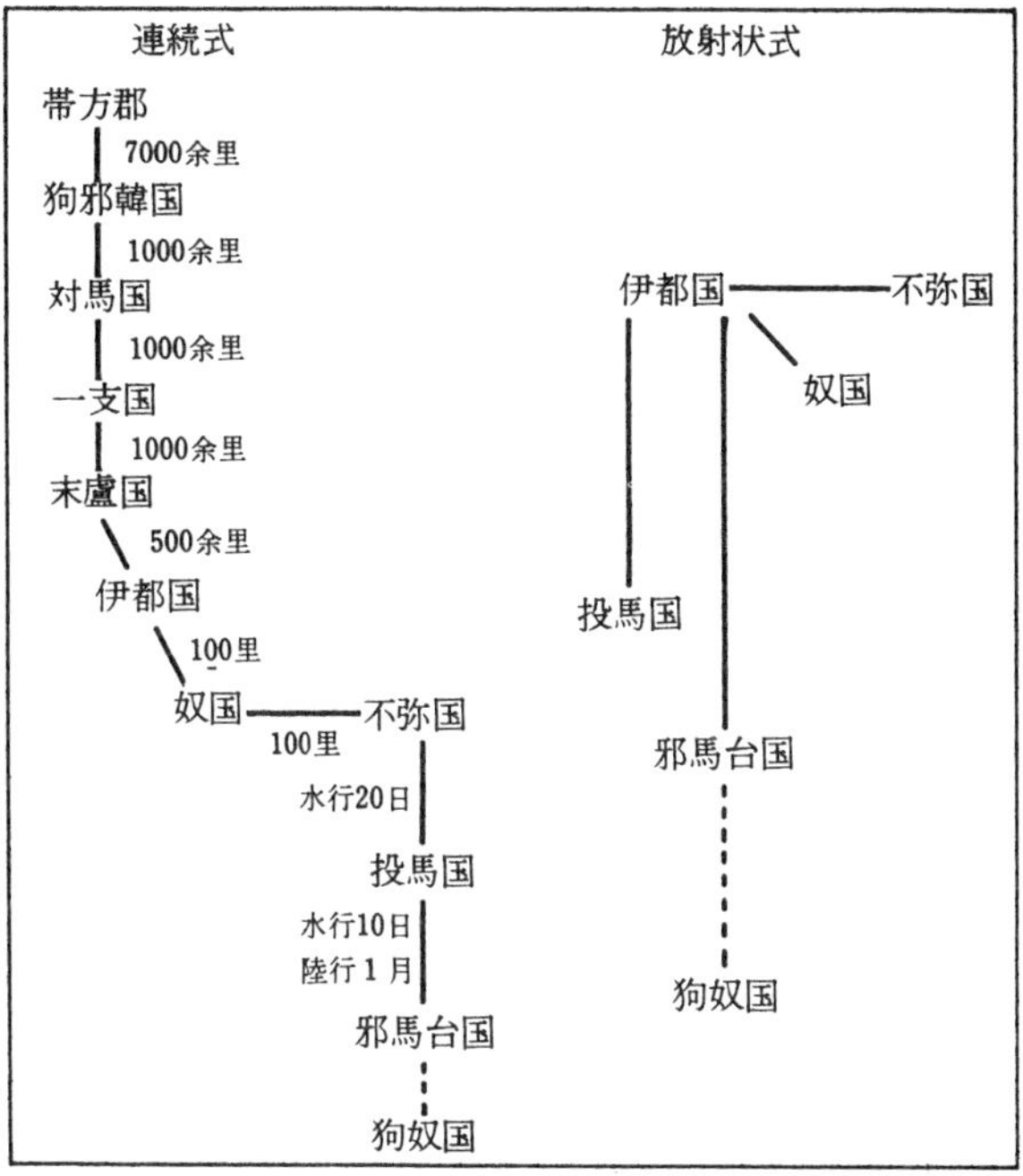


「倭人伝」の方角・行程記事の二つの読み方

「前に接する土地からの方位・距離を示して、次に到着する地名を挙げている」のに対し、伊都国から後は「方位を挙げ、地名を挙げ、そして距離を記している」とし、伊都国までは連続式に読んでよいが、伊都国以降は伊都国を基点にして放射状に読むべきであるとし、さらに邪馬台国までの距離の記述は「水行すれば十日、陸行すれば一月」と読むのが正しく、魏使の陸上での一日の行程を五十里とみると、一月の行程は千五百里となり、帯方郡から邪馬台国までの距離は、伊都国までの里数合計が一万百余里であるから、これに千五百里を加えるとちょうど一万二千余里となり、「倭人伝」の記述に合致するとした。

右の榎説は、邪馬台国九州説の立場からのものなのだが、伊都国の前後で行程に関する記述様式が異なる点に着目し、伊都国からの行程を放射状に読むべきことを指摘したのは卓見であった。とくに魏の使節が伊都国に駐まっていて邪馬台国へは行っていないことにも注意している点は、前述の本書の理解とも一致するもので、そうした事情から、伝聞としての行程と実際に踏破した行程との記述形式が異なる結果をもたらしたのは、充分にありうることとみてよいと思う。ただし「水行十日、陸行一月」を榎のように読むことには無理があり、やはり「水行して十日、さらに陸行すること一月」と理解しなければならないと思う。また放射状に読むことから九州説に落ちつくとはいえない。水行や陸行の一日の行程がどれほどの距離であったかという問題が残されているからである。

**行程記事と邪馬台国**　晋代の尺度に関しては、一尺≒二四センチメートル、六尺＝一歩≒一・四メートル、三〇〇歩＝一里≒四三二メートルであることが明らかにされている。一日の歩行距離は『唐六典』の記すように五十里であったとみるのが妥当で、一日の歩行距離は約二二キロメートルとなる。山尾幸久説によれば、水行の一日行程は陸行とほぼ同じとのことである。この基準は中国本土の場合で、周辺の諸民族に関しても同様であったとはいえない。篠原俊次の指摘するように、帯方郡から末盧国にいたる海上の里程はいちじるしく長大になっており、この場合は、周辺諸種族の地に向かう場合の海上での一昼夜の航行距離を二千里とする別箇の基準によった可能性がつよい。したがって夜は航行しなかったとすると一日の海上の航行距離は千里と表現されることになるが、この「里」は前記の里とまったく別で正確な換算の不可能なものなのである。「倭人伝」の場合、末盧国に上陸以後の「水行」は日数で示されていて、右のような特別の海上航行の里数では記されていない。以下では、前記の基準によって大体の目安を立てることにする。

問題は、右のような中国の晋代の行程観念が、「倭人伝」の行程記事とただちに結びつくと考えてよいかどうかである。中国の道路は、政治的・軍事的な必要もあって、幹線に関しては相当に整備されていたとみてよく、前記の陸行の一日行程二二キロメートルの陸行もそのことを前提とする。また水行は櫂《かい》と帆の双方を利用するもので、帆船が主体であった。これに対して三世紀の倭国の道路は、中国の道路と大いに異なっていた。対馬国について「土地は山険《けわ》しく深林多く、道路は禽鹿《きんろく》の径《けい》の如し」とあり、いわゆる「けものみち」と大差のない状況であったことが記されている。末盧国から伊都国への道は、当時の外交使節のいわばメイン・ルートの一つであったと考えられるのであるが、「草木茂盛し、行くに前人を見ず」と記されている。また当時の倭国の水行に関しては、帆船ではなく、櫂を主とする船であったことが、遺物その他によって確かめられている。したがって「倭人伝」の行程記事をそのまま晋代の里数に換算して得られた数値を、実際の距離であったとみることはできない。ただ、一応の目安を立てうるにとどまる。なお、従来からとくに九州説に立つ人びとによって主張された「倭人伝」の里の実長を、当時の晋代の里の長さより短い「短里」とみる説は、現在の日本列島の現実の地形を念頭において邪馬台国を九州に求めるために生み出されたものであって、客観的根拠に乏しいものといわなければならないだろう。

前述のように伊都国から放射状に行程記事が記されていると理解すると、邪馬台国は伊都国から「南」へ「水行十日、陸行一月」のところに位置することになる。榎説では「水行すれば十日、陸行すれば一月」とされるが、前記のように陸行と水行の一日行程の距離がほぼ同じとすると、よほど大きく湾入する地形を想定しない限り、この行程記事を理解することはできない。この部分は「南」へ「水行して十日、さらに陸行すること一月」と理解するのが、文形からも無理のない読み方である。陸行と水行との一日の行程がほぼ同じ約二二キロメートルであったとすると、十日プラス一月は四十日になり、伊都国から邪馬台国に至る距離は約八八〇キロメートルになる。伊都国に比定されている前原市から大隅半島の南端までは、直線距離にして約四〇〇キロメートルであるから、さまざまな条件を考慮するとしても、邪馬台国は九州南方の海上にあることになる。卑弥呼と対立した狗奴国はその南方に位置すると記されているから、沖縄・台湾に近い場所にあることになる。「倭人伝」の記述にもとづくかぎり、倭国は東シナ海の東方に浮かぶ群島からなるという地理的認識となる。前記したように、黥面文身の記述のあとに「その道里を計るに、まさに会稽東冶《かいけいとうや》（福建省福州）の東に在るべし」とあることや、政治体制記事の末尾に「倭地を参問するに、海中の洲島の上に絶在し、あるいは絶え、あるいは連なり、周旋五千余里ばかりなり」と記されていることは、右の地理的認識と対応する。このことは、魏使や陳寿が倭国を東シナ海に南北に連なる群島からなるものと認識していたことを物語っている。

**「倭人伝」の地理的認識の根拠**　魏の使節や陳寿らの倭国の地理に関する認識は、現実の日本列島の地形と明らかに異なっている。このことを陳寿と同時代人で、晋の司空《しくう》（土木工作の事を掌る最高官）として政治家でありかつ地理学者でもあった裴秀《はいしゅう》の作成していたと推定される東アジア地図に求める説もあったが、弘中芳男の批判するように、裴秀が日本列島をも含む東アジア地図を作成していたという想定には無理がある。だが公孫淵を滅ぼして帯方郡を拠点として朝鮮の諸国や倭国と外交関係を持っていた魏の時代に、これらの東アジア諸国の地理的位置に関する認識がまったくなかったと考えることはできない。とくに魏と東方政策をめぐってもきびしく対立していた呉の存在とその活動は、魏にとって大きな脅威でもあった。魏王朝期の倭国との外交関係は、こうした呉との対立を軸にして行なわれていた。魏王朝期の倭国に対する地理的認識は、こうした呉の存在との関係から生まれたものなのである。

**呉と公孫氏政権の関係**　三国時代に孫権《そんけん》の建てた呉は、北方の魏に対抗するために、遼東《りょうとう》地域から朝鮮半島に勢力を保持していた公孫氏や高句麗との間に、友好・臣属関係を保持しようとして、さまざまな外交を行なっていた。以下、その状況を西嶋定生の研究によって年表風に辿ってみよう。

後漢末に遼東大守となった公孫度《こうそんたく》は、やがて中国内部の混乱のなかで自立して遼東侯と称し公孫氏

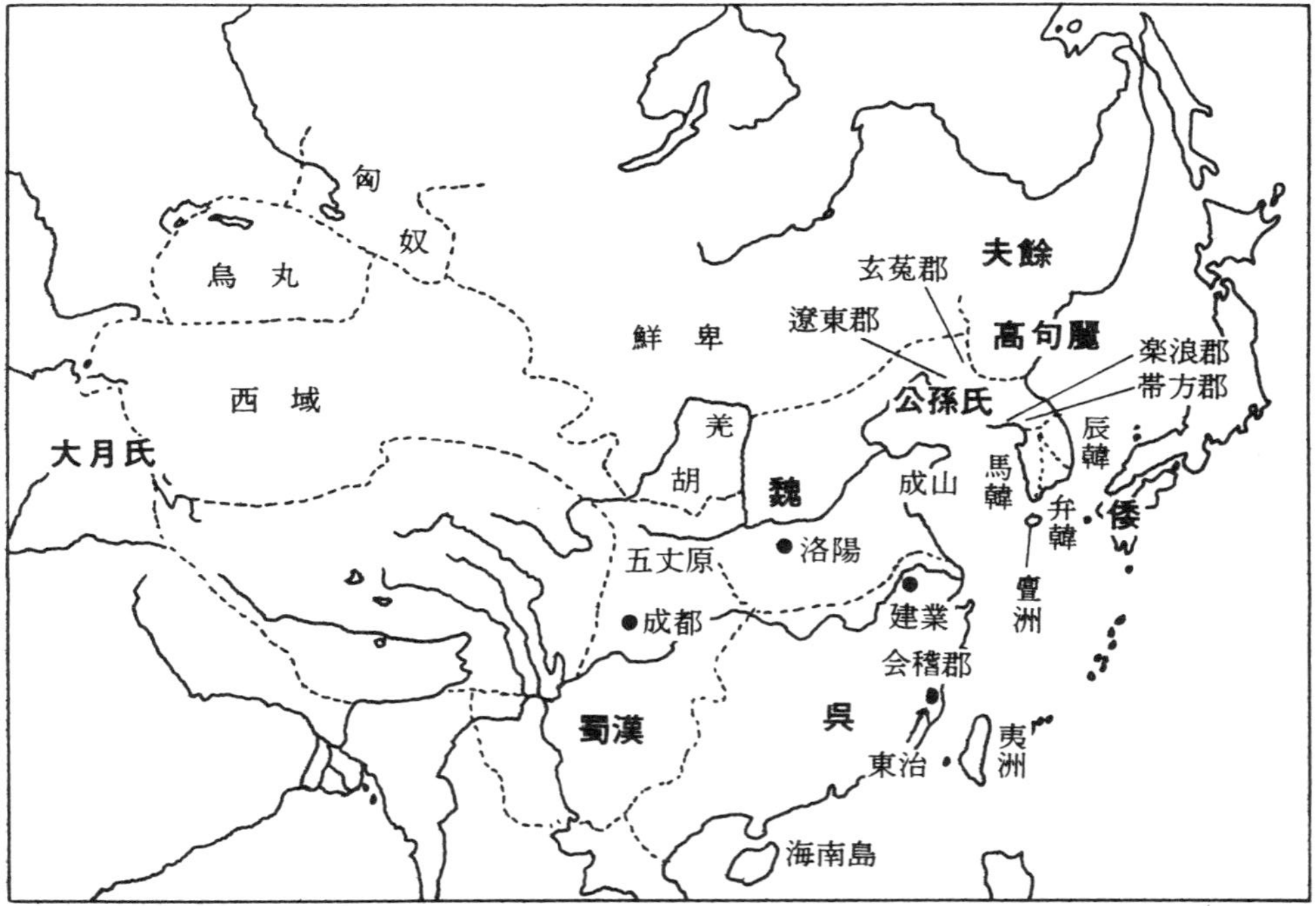
匈
奴
烏　丸
西　域
大月氏
鮮　卑
羌
胡
魏
玄菟郡
遼東郡
夫餘
高句麗
公孫氏
楽浪郡
帯方郡
辰韓
馬韓
弁韓
倭
成山
洛陽
五丈原
建業
成都
亶洲
会稽郡
蜀漢
呉
東治
夷洲
海南島

3世紀の東アジア

政権を樹立する。度の跡をついだ公孫康《こう》は、楽浪郡の南に帯方郡を建てるほか山東半島をも支配下に収め、高句麗や夫余《ふよ》にも勢力を及ぼす強国をつくり上げる。康の死後、弟の公孫恭《きょう》が跡をつぐが、やがて康の次子の公孫淵《えん》が叔父からその位を奪う。時に二二八年のことであった。翌年に孫権が自立して呉の皇帝となっている。孫権は使者を派遣してそのことを公孫淵に知らせている。これが呉王朝と公孫氏政権との関係の始まりである。一方、魏は二三〇年に公孫淵を車騎《しゃき》将軍《しょうぐん》に叙任しており、彼もそれを受けている。このことは公孫淵が魏王朝に服属する態度を取っていたことを示している。

魏と対立する呉の孫権は、魏の背後をおびやかすために公孫氏と密接な関係を結ぼうとする。二三二年、馬匹を購入するという名目で、呉は周《しゅう》賀《が》・裴潜《はいせん》らを遼東に派遣する。このとき公孫淵は宿舒《しゅくじょ》・孫綜《そんそう》らを周賀に随伴させて呉王朝に臣属する上表文を持たせ、また馬匹を百艘の船に満載して呉へ帰らせる。だがこれを知った魏は山東半島で攻撃し、呉使の周賀は殺される。だが宿舒や孫綜らは無事に呉の首都の建業《けんぎょう》（南京市）に到着する。上表文を受けた孫権は大いに喜び、公孫淵を燕王《えんおう》に封じ、翌年の二三三年に二人の使節を送るため張弥《ちょうび》・許晏《きょあん》らに一万人の軍士を率いて同行させた。ところがその間に公孫淵は魏からの圧力に屈し、魏への服従を誓うことになる。やがて到着した張弥らの呉使は、公孫淵によって謀殺され、その首級を呉からおくられてきた下賜品とともに魏王朝に送られることになる。当時、蜀の名将諸葛孔明《しょかつこうめい》との戦いに苦しめられていた魏は、それ以上に公孫淵を追及する余裕もなかったので、淵の帰順を認めることになる。これを知った孫権は激怒して自ら出陣して公孫淵を討伐しようとするが、高官らの諫言によって思い止まることになる。

翌二三四年、魏を長年にわたって苦しめてきた諸葛孔明が五丈原《ごじょうげん》で病死し、蜀軍が退去する。これによってこの方面で蜀軍と対峙していた司馬懿が魏軍を率いて帰還する。魏にとって呉と蜀とに対する二正面作戦の必要がなくなり、軍事力に余裕を持つことができるようになった。一方、公孫氏政権の東隣の高句麗では、二三三年に呉の使者たちが公孫淵によって謀殺されたとき、難を免れて高句麗に逃げ込んできた使者たちを呉に送還して、呉に臣従する態度を示した。翌二三四年に呉は高句麗へあらためて使者を派遣して臣従関係を確立する。ところが二三六年、高句麗は魏の圧力を蒙って呉の使者を斬り、魏への臣属を誓わせられることになる。

軍事力に余裕を生じ高句麗をも臣属させた魏は、あらためて公孫淵に対する攻勢を強める。これまでの経過から公孫淵がふたたび呉と結ぶ可能性を危懼《きぐ》したからである。二三七年（景初元）、魏は毌《かん》丘倹《きゅうけん》に命じて公孫淵を攻撃させるが失敗し、毌丘倹は敗退した。これによって公孫淵は魏からの完全な離脱を決意し、自ら燕王《えんおう》と称して自立し、呉に対しては使者を派遣して前非を悔い、援軍を求めた。呉ではさまざまな議論もあったが、公孫淵に援軍を送り形勢を観ることになる。

翌二三八年（景初二）正月、司馬懿は毌丘倹を副将として四万の大軍を率いて公孫氏政権を攻め、同年八月に公孫淵をその首都襄平《じょうへい》城（遼陽市）郊外で斬る。これによって約半世紀にわたって存在した公孫氏政権は滅亡する。魏は東方の遼東・玄菟《げんと》・楽浪・帯方の四郡を自らの手中に収めたわけである。だが、翌二三九年（景初三）三月には遼東に駐屯していた魏軍が、さきに公孫氏を応援するために派遣されていた呉軍に襲撃されて、男女を捕虜として連れ去られた事件が起こっている。その後の呉軍の活動については明らかでないが、事件後、間もなく海路を経て呉に帰還したものと思われる。

**魏が卑弥呼を厚遇した理由⑴**　卑弥呼の魏に対する遣使が、公孫氏政権をめぐる魏と呉との確執が最終的に決着した直後の、景初三年（二三九）六月に行なわれていることにあらためて注意する必要がある。その遣使のタイミングは絶妙であり、卑弥呼を中心とする倭国の支配層は、右のような東アジアの国際関係とその結末を見究めたうえで、魏への遣使を行なったものとみてよいと思う。一方、魏にとっては、向背の定まらない公孫氏政権を打倒して、東方の呉と結ぶ可能性のある政治勢力を消滅させた直後に、倭国が自ら遣使して臣従を求めてきたことは、大いに歓迎すべきことであった。卑弥呼に対して「親魏倭王」という当時としては破格の待遇を与えていることが、そのことを示している。魏が「親魏〇〇王」の称号を与えたのは、卑弥呼以外には、蜀の西方に位置する大月氏国（クシャン王朝）の国王の波調《はちよう》（ヴァースデーヴァ）に対して、二二九年（太和三）に「親魏大月氏国王」の称号を授与した例があるだけである。このことは蜀に接する涼州《りようしゆう》地域（甘粛省）の諸国王が蜀に味方して魏と戦うことを申し入れた（二二七年）ことを知った魏が、その対抗措置として涼州よりもさらに西方の大月氏国と結ぶことによって、西方からの蜀の圧力に対抗しようとしたものであった。

**魏が卑弥呼を厚遇した理由⑵**　ところで魏の倭国に対する破格の待遇の今一つの契機は、倭国が東シナ海の南北に連なる群島からなり、呉に近い位置を占めているという地理的位置に関する認識であった。呉は北方の公孫氏政権との関係だけでなく、東南アジアの諸地域に対して、早くから積極的な活動を行なっている。その状況を山尾幸久の研究によって年表的に辿ると次の通りである。

孫権が皇帝となる直前の二二六年に、呉の交州刺史《こうしゅうしし》であった呂岱《ろたい》は、水軍三千を率いて合浦《がっぽ》・交阯《こうち》・九真《きゅうしん》（インドシナ半島に所在）に進出し、その部下をインドシナ半島南部に所在する扶南《ふなん》・林邑《りんゆう》などの諸国に使節として派遣している。二三〇年には、孫権は衛温《えいおん》・諸葛直《しょかつちょく》らに甲士一万人を率いて夷洲《いしゅう》（台湾）・亶洲《せんしゅう》（済州島か）を探索させている。夷洲へは到着して数千人を捕虜として帰還しているが、亶洲には到達できなかった。孫権はそれを理由に将軍らを処罰している。二四二年には、聶《じょう》友《ゆう》・陸凱《りくがい》らに三千の兵を率いて儋耳《たんじ》・朱崖《しゅがい》（海南島）を討伐させて、その地域を支配下に収めている。

東シナ海を中心に海上を利用して活発な活動を行なった呉が、公的に倭国と接触したことを物語る文献上の証拠はまったくない。だが遺物としては呉の年号を記す画文帯神獣鏡《がもんたいしんじゅうきょう》二面が存在する。一つは、山梨県鳥居原《とりいばら》きつね塚古墳出土の赤烏元年《せきう》（二三八）の紀年銘をもつもので、今一つは、兵庫県宝塚市安倉《あくら》古墳出土の赤烏七年（二四四）の紀年銘をもつ鏡である。このことは、呉と倭人社会との間に何らかの交通関係が存在したことを物語っている。二面の鏡の存在だけで呉と倭国との公的な交通があったとはいえないが、呉の東シナ海を利用した積極的な対外進出の状況からすると、いつかは倭人社会と接触する可能性のあったことは認めなければならないだろう。

こうした可能性を魏は予測していたとみてよいと思う。呉の海上を利用した活発な活動を、魏は公孫氏政権をめぐる関係で思い知らされていた。とくに魏の倭国に対する地理的認識が、朝鮮半島から南北に連なる群島で呉に近い東方の海上にあるというものであったから、魏としては倭国を是非とも臣属させておく必要があった。卑弥呼に「親魏倭王」という破格の厚遇を与えたのも、これと関係するわけである。その意味では蜀のはるか西方に位置する大月氏国の波調に対するよりも、魏にとってはより現実的な政治的意味をもつ外交政策であったのである。正始八年（二四七）に卑弥呼から狗奴国との戦争の報せを受けた魏は、直ちに卑弥呼を応援する行動に出ているのだが、そのことは、魏の認識では邪馬台国からさらに南方にあって呉に近いところにある狗奴国が呉と結ぶ可能性を予測し、そうした事態を未然に防止しようとする企図を持ってのことであったとみることができる。

**行程記事に対する基本的な立場**　「倭人伝」に記されている倭国や邪馬台国の位置に関する行程記事は、三国時代のとくに呉ときびしく対立していた魏王朝にとっての東アジアの地理像を基礎にして書かれたものである。それは日本列島の現実の地形とは合致しない。したがって邪馬台国の位置問題は「倭人伝」の記述そのものによっては、ただちに解決しえない問題なのである。それは「倭人伝」という史料のもつ性格によるもので、やむを得ないことである。問題の解決にあたっては、「水行十日、陸行一月」や固有名詞をもつ国名の記述などを尊重しながらも、二世紀末から三世紀中葉期の考古学の成果をも重視して、多角的に検討する必要がある。もとより考古学の研究も日進月歩であり、各種の学説もある。だが古墳出現の直前に畿内起源の庄内式土器が北部九州をはじめ関東にまで分布していること、奈良盆地の東南部に前方後円墳が出現しそれが全国に分布することなどの事実をみるならば、畿内以外の地に邪馬台国の位置を求めることは困難であろう。これらの問題についてはあらためて後述する。

「倭人伝」研究は、これまでのあまりにも邪馬台国の位置論にこだわりすぎた傾向をあらためて、卑弥呼の時代の倭人社会の総体を考古学の成果をも含めて再検討し、卑弥呼の王権を倭人社会の全体さらには東アジア世界のなかで位置づけ、日本の古代国家形成史のなかで卑弥呼の時代を考えるべき時期にきている。こうしたこととの関連で邪馬台国の位置問題も解決されてゆくことになろう。

# 第二章　倭人の習俗と社会

## 1 「倭人伝」の習俗・法関係記事

「倭人伝」には、当時の倭人社会で行なわれていた各種の習俗や法に関する記述がある。これらの記述は、「東夷伝」の冒頭に東夷の「法俗」の詳細を明らかにしたいと述べている陳寿が、正始元年（二四〇）の梯儁《ていしゅん》らや正始八年（二四七）の張政らの倭国での見聞や伝聞をも記した復命書などを基礎にして叙述したものとみてよいだろう。これらの記述のうち、とくに「黥面文身（顔や身体にするいれずみ）」に関しては、従来から民族学・文化人類学の側から貴重な研究が行なわれてきたが、近年では考古学の側から興味深い研究も行なわれている。本章では、それらの成果に学びながら、とくにそれぞれの習俗や法のあり方が当時の倭人社会とどのような関係を持っているのかについて述べたいと思う。

**習俗・法関係記事について**　ところでこうした「倭人伝」の習俗や法に関する記述については、前章でも指摘したことだが、いくつかの留意すべきことがある。

第一は、魏の使節たちは北部九州の伊都国《いと》（福岡県前原市《まえばる》）までしか行っておらず、彼らの見聞した習俗や法のあり方は北部九州を中心としたものであった、ということである。したがってそれらに関する記述を列島的規模での倭人社会のものとみることには、慎重な配慮を必要とする。だが同時に考慮すべきことは、当時の倭人社会が巨視的には弥生後期として総括しうる時代であった、ということである。したがって一定の根拠と手続きを経るならば、その記述を通じて列島的規模での倭人社会の内容を考えることができるわけである。

第二は、その記述が、当時の倭人たちよりもはるかに高文明にあった魏の使節たちの観察に基づいている、ということである。彼らは倭人たちの習俗や法を彼らなりに理解してそれぞれを位置づけている。こうした中国人の「フィルター」に対しては、当然のことながら慎重でなければならないだろう。

第三は、当然のことであるが、「倭人伝」の記述する習俗記事を、当時の倭人社会のすべての習俗を記述したものと扱うことができないということである。「倭人伝」に死者の葬法について「棺《かん》あれども槨《かく》なし」とあるが、同時代の吉備《きび》（岡山県と広島県東部からなる地域）の代表的な首長の墓である楯築弥生墳丘墓《たてつきやよいふんきゅうぼ》では、槨の外側に木槨《もつかく》の設備のあったことが明らかになっている。また当時の司祭者として、鳥の羽根の帽子をかぶった呪術者の存在したことが明らかになっているが、こうした司祭者について「倭人伝」は記述していない。

こうした「倭人伝」の習俗や法に関する記述の、史料としての限界に配慮しながら、本章では可能なかぎり倭人社会の実像に迫りたいと思う。

## 2　黥面文身（いれずみ）の習俗について

**黥面文身記事について**　習俗記事の冒頭に「倭人伝」は、男子の行なっていた黥面《げいめん》（顔にするいれずみ）、文身《ぶんしん》（顔以外の身体にするいれずみ）に関する記述がある。このことは中国では、古来、こうした「いれずみ」は「肉刑」の一つとして罪人に対して行なわれており、「いれずみ」が罪人の標識とされていたことによる。なぜ倭人たちが「いれずみ」をするのかについて、彼らは関心を持ち、その習俗の状況とそうした習俗の由来について、彼らなりに説明しようとしている。こうした倭人社会の「いれずみ」に対する関心はその後も持続し、七世紀初頭に訪れた隋の使節たちも『隋書』「倭国伝」のなかに当時の「いれずみ」に関する記述を残している。「倭人伝」の「いれずみ」に関する記述は、次のような内容からなる。

①男子は大小となく、みな黥面・文身をしている。

②むかしから倭の使者は中国にくると、みな自ら大夫《たいふ》（中国の身分序列の一つ。王・卿・大夫・士・庶の第三位）と称する。

③夏王朝《か》（禹《う》の始めた最古の王朝）の王である少康《しょうこう》（六代目で夏王朝の中興の王とされる）の子が会稽《かいけい》に封じられたが、彼はその地の慣習に従って断髪文身し、それによって蛟竜《こうりゅう》の害を防ごうとした。

④いま倭の水人は好んで潜水して魚や蛤《はまぐり》を捕るが、彼らは大魚や水禽《すいきん》（水鳥）の害を避けるために文身をしている。この文身は二次的に展開して、身体装飾として行なわれている。

⑤諸「国」の文身はそれぞれ異なっており、あるいは左にあるいは右に、あるいは大にあるいは小に、身分の尊卑によっても差がある。

⑥倭地の位置を計ってみると、中国の会稽《かいけい》と東冶《とうや》の東にある。

右の黥面文身記事の構成と内容について述べると次の通りである。まず①の部分は以下の黥面文身に関する記述の総論にあたるもので、魏の使節たちの直接的な観察によるものとみてよいと思う。②の「大夫」を自称するとの文章は、文身記事としてはなくてもよいものであるが、③の部分との関係から記されたものである。③の部分は『漢書』地理志第八下の粤地《えっち》条に、「其の君は禹の後裔の帝である少康の庶子で、会稽に封じられ、文身・断髪して蛟竜の害を避けたという」という文章を引用したもので、倭人の文身習俗の由来と倭人の出自を説明しようとしたものである。②の部分はこうした理解に立って、夏の王族の後裔であるがゆえに、中国に派遣される倭人が自ら大夫と称することにはそれなりの理由がある、とみての文であるといってよいだろう。②と③は一連のもので、倭人の文身に関する中国人の理解を述べたものである。この③の部分は魚豢の『魏略』にも記されており、陳寿のオリジナルの文章とは考えがたい。おそらく倭人の文身を観察した魏使の復命書に書かれていたものと思われる。なおこの③の会稽との関係についての認識が、最後の⑥の倭人の住む土地を「会稽東治の東」であるという地理的認識と関係することはいうまでもない。なお会稽は現在の江蘇《こうそ》省南部と浙江《せっこう》省の大部分の地域である。

④は魏の使節たちの見聞および観察を記したものである。倭の水人の潜水漁法は魏使たちの直接的な見聞であり、彼らの文身の目的が「大魚水禽」の害を防ぐものであることは、倭人の説明または魏使たちの観察によるものであろう。さらに文身が、元来は水人たちの行なう呪術的な身体装飾であったものが、水人以外のものをも含む身体装飾となった、とあるのも同様である。注意したいのは、文身が水人の呪術的な身体装飾であったものが、三世紀中葉の北部九州地域の倭人社会では二次的に発展して男子全員の行なう全体的習俗になっている、ということである。

⑤は④の末尾の文を受けて、文身がどのような形態で倭人社会の習俗として定着しているかを述べたものである。それによると、文身を身体のどの箇所に行なっていたのかは必ずしも明確ではないが、文身の部位や文様には、左や右、大や小といった区別のあることを指摘して、その差異は第一に「諸国」によって、第二には「尊卑」によって差がある、と述べている。⑥は陳寿の考証的な部分で、③との関係から、文身習俗が中国の会稽地方から伝播したとの認識にもとづいて、倭地が会稽の地の東方に位置すると述べたものである。

以上の文身関係記事において注意したいのは次の三点である。第一は、元来は潜水漁法を行なう水人たちの「大魚水禽」の害を避けるための呪術的文様であった文身が二次的に発展して、北部九州の倭人社会においては普遍的な身体装飾になっている、ということである。これに関連して指摘しておきたいのは、二次的に発展しているとはいえ、文身という身体を毀傷する習俗は、とくに未開社会においてはつねに一定の呪術的性格を持っているということである。このことは後述する民族学の研究によって明らかである。したがって、三世紀の文身も、当時の倭人たちのあいだで呪術的な精神生活が濃厚に生きていたことによってささえられていた習俗とみなければならない。第二は、文身が男子のみの習俗であることを明記していることである。第三は、文身がその部位や文様の大小において、「国」を単位とし、さらに「国」内部の「尊卑」によって差がある、ということである。これらのことは、当時の文身が単なる個人的な好みによる身体装飾でなく、「国」による規制を受けた強制的な習俗であったことを示している。

**「倭人伝」の文身記事の位置づけ**　以上、「倭人伝」の文身記事についてみてきたが、これと同じような記述が『翰苑《かんえん》』所引の『魏略』逸文と、『太平御覧《たいへいぎょらん》』所引の『魏志』に記されている。『翰苑』は唐の張楚金《ちょうそきん》の編集した類書《るいしょ》で、蕃夷部《ばんいぶ》のみが太宰府天満宮に唯一現存する。『太平御覧』は宋の太宗の勅をうけて李昉《りほう》らが編纂した類書である。類書とは各種の書物の内容を編者の考える事項別に分類収録したもので、それぞれに収録された文章にはすでに原本が亡佚しているものも含まれている。だが必ずしも原本を忠実に引用していない場合もある。日本に唯一伝存している『翰苑』は九世紀に書写されたものであるが誤字や脱漏が多い。文身に関する部分もしかりである。『太平御覧』は類書のなかではもっとも良書として名高いが、その引用にはやはり原文を簡略にした箇所も多く、文身に関する部分についても同様のことがいえる。したがって文身については「倭人伝」の記述がもっとも詳細でまとまった内容をもっているのであるが、一節だけ「倭人伝」になく、両書に記されている部分がある。

①の総論につづけて両書とも「その旧語を聞くに、自ら太伯《たいはく》の後という」という文章を記している。『翰苑』所引の『魏略』逸文では「倭人伝」の②はなく③をそのあとに記し、『太平御覧』所引『魏志』では②の部分の一部をこれに続けて記している。このことから予想されることは、陳寿や魚豢がその素材とした魏使の復命書に、右の一文が記されていたのではないか、ということである。それが現行の「倭人伝」にないことについては、陳寿が意識的にこの部分を削除したとみるか、もとは「倭人伝」にもあったが比較的早い時期に写本を書き写す過程で欠落したとみるかのいずれかが問われることになる。当面の文身論にとってはどちらでもよいのであるが、私は陳寿が意識的に削除した可能性が高いと推測している。この部分は中国への使節となった倭人が自ら大夫と称することにかかわって、倭人の出自を述べたものである。この場合呉の太伯が周の太王の子であって、夏の少帝の子の時代よりもはるかに後代であることが考慮されてよい。陳寿は文身の習俗の淵源と倭人の出自を呉の太

伯よりも古い時代の少康の子に求めたため、この部分を削除したのではなかろうか。後代の史書である『晋書』や『梁書』などが、倭人の出自に関しては一致して「太伯之後」という文言を記しており、中国人にとって関心の高い倭人の出自に関する記述を、「倭人伝」に関してのみ写本を書き写す際に欠落したとは考え難いからである。

以上のことからすると、「倭人伝」の文身関係の記述はそれなりに一貫した内容をもち、またもっとも詳細であるわけで、これを基礎にして三世紀代の倭人社会の文身を考えるのに何ら問題はない、ということになる。なお「倭人伝」の記述を前提とし、これを五世紀代に要約して書かれた范曄《はんよう》の『後漢書』の倭人条に「男子は皆黥面文身し、その文の左右大小を以て、尊卑の差を別《わか》つ」とあり、「国」による差を逸する点で問題はあるが、『魏略』逸文や『太平御覧』所引「魏志」に欠落している文身の「尊卑」による差を記述していることは、やはり注意しておく必要があろう。

**「文身」に関する民族学の研究**　ところで「倭人伝」の右のような文身記事に関しては、かつては『古事記』や『日本書紀』の記述（後述）と矛盾することから否定的にみる傾向があったが、こうした傾向があやまりであることはいうまでもなく、三世紀の北部九州地域において、「倭人伝」の記すような文身の習俗がひろく行なわれていたことは史実とみなければならない。

こうした文身習俗についての研究は、主として民族学・文化人類学の側からその文様のあり方を中心に行なわれてきた。はやくこの問題を取り上げた鳥居龍蔵は、文身の習俗をもつものを「九州の一隅にのみ分布」していたとの限定をつけながら、その文様は中国の中南部で行なわれていた「竜文身」であろうとした。この説はその後、中・近世の民俗事例に関する記述などをも根拠とした金関丈夫の鱗形《うろこがた》の文身論にもひきつがれたが、大林太良はそれをさらに発展させ、アジア・太平洋地域で行なわれていた文身の民族学的事例との関係のなかで、次のように位置づけている。焼畑耕作やイモ栽培を生業とする古層のアジア文化を担うアウストロネジアの文身習俗では、死後の幸福を得るためのものであるという他界観と密接な関係があるが、中国中南部に始まる竜文身はそれよりも新しく、水稲耕作や漁撈生活を営んでいる高度の文化をもつ種族のもので、また死後の幸福を願うといった他界観とは結合しないものである、と。これに対して、三品彰英は、大林説を評価しながらも、両者の区別をそれほどに重視する必要はないとし、さらに文身習俗の変遷を歴史的に考える必要のあることを指摘している。また高山純は、文身の文様が竜ではなく鱶《ふか》であったのではないかとし、大林説に対しては他界観の有無で区別することについて批判的な見解を述べている。

右のような民族学・文化人類学にもとづく「倭人伝」の文身に関する研究はそれぞれに興味深い内容を持っている。だがこの問題を最初にとりあげた鳥居龍蔵が慎重に指摘しているように、「倭人伝」の記事からは、その文身が「大魚水禽」の害をふせぐための呪術的装飾として始まったことは知りうるが、その文様を竜あるいは鱶と特定することはできない。鳥居が竜文身と推定する根拠としたのは、『史記集解』に引用されている後漢末期の学者でもあり政治家でもあった応劭《おうしょう》の「呉の太伯」に関する注に、太伯の「文身断髪」について「常に水中に在り、故にその髪を断ち、その身に文して、もって龍子をかたどる。ゆえに傷害を見ざるなり」と記されていることであった。だがそこまで推定しうるかどうかは問題である。たしかに弥生時代人は「竜」についての知識を持っていた。このことはいくつかの遺物によって知ることができる。だがそのことと文身の文様が竜であったこととは直ちに結びつかない。もとより竜文身であった可能性も考えておく必要はあるが、三世紀の北部九州地域での文身の文様については、後世の民俗史料などではなく、今後に出土の期待される考古学史料などによって確かめられるべきものであって、「倭人伝」の記事からは特定できない、としておくのが妥当であろう。

**線刻人面土器について**　ところで顔面にするいれずみである黥面と、顔以外の身体にする文身とはやはり区別しておく必要があろう。総論にあたる①の部分では男子全員が黥面文身をしていたとあるが、これにつづく④や⑤の叙述ではいずれも文身とのみ記している。とくに⑤の左や右、大小の区別などの文章からすると黥面でなかった可能性が強い。この点で、設楽博己の線刻人面土器に関する研究は貴重な内容を持っている。設楽によると、この土器はいずれも弥生後期のもので、現在までのところ、西は中部九州から東は関東地方までの地域に分布し、日本海沿岸地域からは検出されていない。この線刻人面は黥面をかたどったものとみられる。その文様には、地域的に若干の差がみられるものの、比較的に多い吉備地域や東海地方ではほぼ同じ内容をもつ。またそれらの土器は出土遺構との関

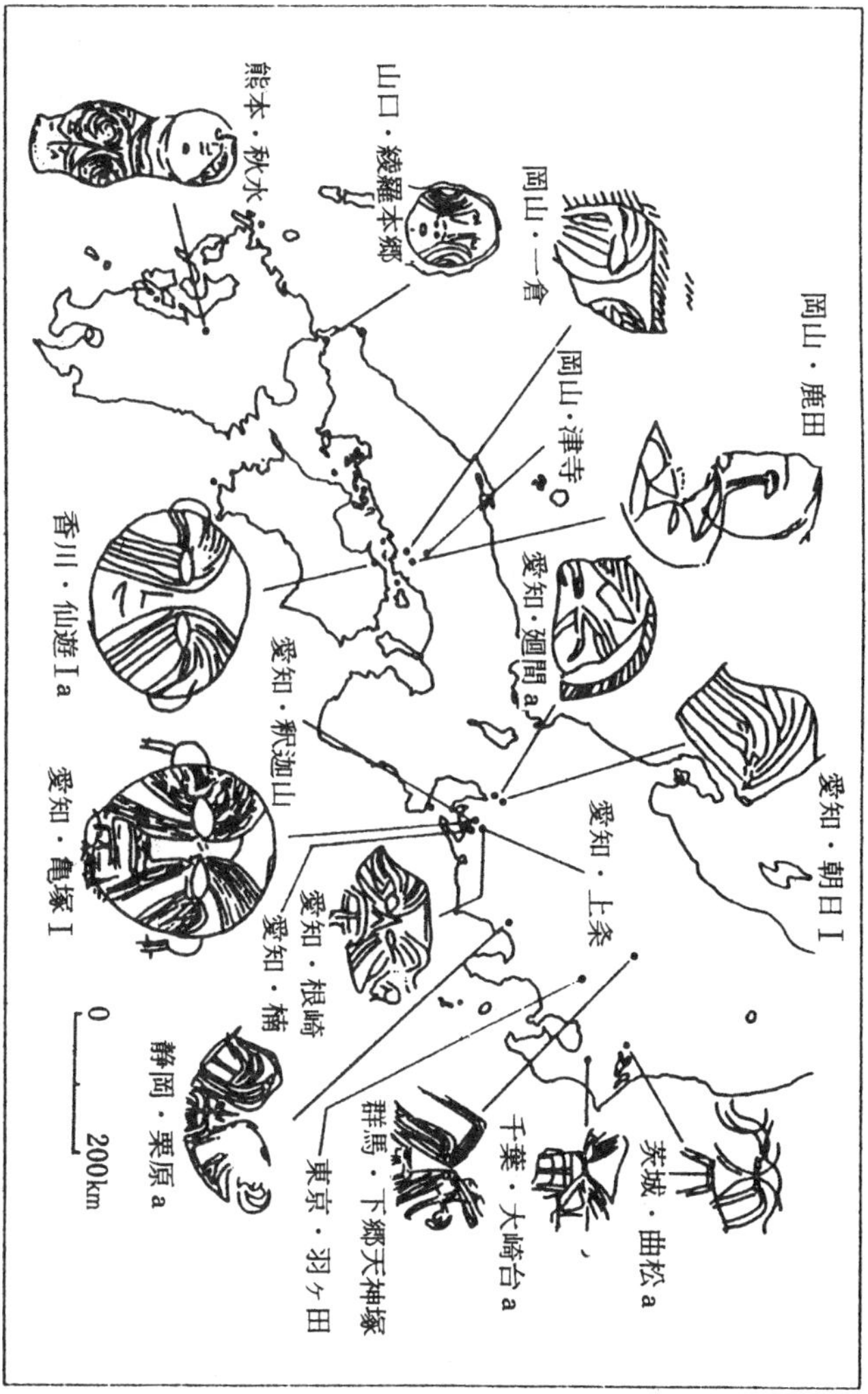


**線刻人面土器の分布**（設楽博己「線刻人面土器とその周辺」『国立歴史民俗博物館研究報告』25号、1990年より）、岡山県と愛知県に出土が多いが、いずれの遺跡も弥生後期末と推定されている。

係からすると、祭祀《さいし》とくに葬送儀礼とかかわる可能性のあることを述べている。弥生後期といえば、卑弥呼の時代を含んでおり、設楽の研究は「倭人伝」の黥面文身記事と密接な関係をもつといってよいだろう。

いいれずみのなかでも顔面にする黥面は、やはり特別な呪術的意味を持っていたとみてよいと思う。おそらく黥面は、設楽の想定するように、祭祀とくに葬送儀礼にかかわる呪術者の行なっていたもので、国や身分の差異をあらわす文身とは異なるものであったと思われる。さらに注意したいのは、現在までのところ、その分布地域に若干のかたよりがあるとはいえ、ほぼ列島の主要部で行なわれていた、ということである。つまり「倭人伝」の黥面に関する記述は、魏の使節たちの観察しえた北部九州地域についてのものであるが、この習俗は北部九州地域に限られず、当時の倭人社会でひろく行なわれていたとみてよいわけである。現在までのところ、弥生後期については顔面以外の身体に行なわれていた文身と確定しうる遺物は発見されていないのであるが、今後の発見を期待したい。なお伊藤純に日本古代の黥面を刑罰としての黥刑との関係から論じた興味深い研究があるが、この点については後に触れることにする。

以上、「倭人伝」の黥面文身記事についてその内容を確かめ、さらに『魏略』逸文その他の記述との比較、民族学・考古学の黥面文身に関する研究状況などについて述べた。あらためて確認しておきたいのは、三世紀代の北部九州地域においては、男子全員が「国」による規制と強制を受けた文身を、

「国」ごとに異なり、「国」内部においては身分の尊卑によって異なる内容で行なっていた、ということである。そしてその習俗は、黥面が列島の主要部で行なわれていたことからすると、北部九州地域に限られず、当時の倭人社会で共通する習俗であった可能性が認められる。問題は、この文身習俗を当時の倭人社会の社会構成とその特質との関係で把握することにある。そのためには、こうした文身習俗の変遷を辿ることを通じて、三世紀代の文身習俗とその社会との特別な関係を明らかにする必要があろう。

**文身習俗の伝播**　「倭人伝」と同じ東夷伝に記されている「魏志韓伝」には、馬韓条に「その男子、時々文身す」、弁辰条に「男女、倭に近きはまた文身す」と記されている。「東夷伝」の他の種族に文身に関する記述はない。陳寿が文身習俗を倭人社会に固有のものとみ、韓地域での文身をその二次的な伝播とみていたことは、弁辰条に「倭に近きは」とわざわざ記していることによって明らかである。こうした文身習俗の伝播が「東夷伝」の記す韓と倭の密接な交流によってもたらされたものであることは、いうまでもない。その有名な事例としては、弁辰条に「国、鉄を出す。韓・濊・倭みな従ってこれを取る。諸市、買うに鉄を用う。中国の銭を用いるが如し」とあって、当時の倭人社会が鉄素材の供給を南部朝鮮の弁辰地域に依存していたことを、あげることができる。このほか「倭人伝」の対馬国に関する記事に「良田なく、海物を食して自活し、船に乗りて南北に市糴《してき》す」とあるが、この「市糴」は米を購入することで、「南北」と記していることは日本の本州だけでなく、南部朝鮮からも米を買い求めていたことを物語っている。対馬にとって朝鮮半島はすこぶる近く、朝鮮半島の馬韓や弁辰と交易することが日常的に行なわれていたのである。

問題は、馬韓での文身が男子の時々行なうものと記され、弁辰の文身が倭に近い地域に住む男女の行なうものと記されていることで、この地域での文身は、前述のような「国」による規制と強制を受けた習俗ではなく、倭人の文身を身体装飾の一つの形態としてうけとめ、それぞれの地域で個人の行なう任意的習俗となっているのである。したがって文身習俗のもつ社会的な意味はまったく異なっているといってよい。

**『隋書』の文身記事**　その後の倭人社会での文身習俗についての中国文献としては、『隋書』倭国伝の「男女多く臂《うで》に黥《げい》す。黥面文身して水に没して魚を捕る」という記述がある。倭国伝が六〇八年（推古一六）の隋使裴世清《はいせいせい》一行の見聞や観察を基礎にしたもので、七世紀初頭の倭人社会についての貴重な史料であることはいうまでもない。文身についても同様で、前段の「男女多く臂に黥す」とある部分は注意を要する。

「倭人伝」では身体のどの部分に文身していたかを明示しないが、倭国伝ではその部位を「臂」と記している。裴世清らの倭国滞在が四月から九月までの夏を含む期間であり、当時の一般民衆の服装がこの期間はノースリーブ形の貫頭衣《かんとうい》を主体としたものであったことからすると、右の記述は隋使たちの実見によるものとみてよいだろう。七世紀初頭の倭国でもたしかに文身習俗は行なわれていたのである。だがその文身習俗のあり方は大きく変化している。「男女多く」とあることからすると、女子も行なっていたこと、また男子の全員が何らかの規制を伴う文身を行なっていたとはいえないからである。その限りでは、七世紀初頭の文身は、三世紀のそれとは異なって、男女の行なう任意的習俗となっていたわけである。

**『古事記』・『日本書紀』の黥面・文身記事**　文身習俗の変化を知るうえで、八世紀の初頭に編纂された『古事記』（七一二）、『日本書紀』（七二〇）の黥面文身に関する記述は興味深い内容を持っている。以下、それぞれについて簡単にみておこう。

①『古事記』神武段。神武天皇の武将の大久米命《おおくめのみこと》が「黥《さ》ける利目《とめ》」をしていたとある。これは黥面とみてよい。

②『日本書紀』景行二十七年二月条。武内宿禰《たけのうちのすくね》の東国から帰還しての報告に、蝦夷《えみし》の男女が文身をしているとある。

③『日本書紀』履中元年四月条。履中天皇が住吉仲皇子《すみのえなか》の反乱に加担した阿曇連浜子《あずみのむらじはまこ》に、罰として黥面をさせた。時の人はこれを「阿曇目《あずみめ》」といった。

④『日本書紀』履中五年九月条。河内飼部《かわちのかいべ》の黥面をやめさせた。

⑤『古事記』安康段。山代の「猪甘《いかい》」が黥面をしていた。

⑥『日本書紀』雄略十一年十月条。宮廷で飼われていた鳥が犬にかみ殺されたので、犬の飼主に黥

面して鳥養部《とりかいべ》とした。

右のうち①の大久米命と②の蝦夷を除くと、他の四例の場合、「生き物」を扱う職能集団のメンバーであるという共通性が見られる。③の阿曇連は漁民でもある海部《あまべ》を統轄する氏族であり、④の河内飼部は馬の飼養にかかわる河内馬飼部《かわちのうまかいべ》のことであり、⑤の猪甘は猪の狩猟や飼育にかかわる猪飼部《いかいべ》のことで、⑥は鳥の飼養にかかわる鳥養部である。彼らの場合、それぞれの対象とする「生き物」から受ける可能性のある危害をさけ、それらに対する威嚇《いかく》の意味をも含めて、こうした呪術的意味を含む黥面をしていたものとみることができる。この点からすると武将である大久米命の場合、敵に対する威嚇の目的をもって黥面をしていたといえるだろう。

**人物埴輪の黥面文身**　『古事記』、『日本書紀』以外で黥面習俗を伝えているのは人物埴輪《はにわ》である。伊藤純は、関東から九州にかけての地域から出土している黥面人物埴輪を集成しており、非常に有益である。彼らの生業については明らかでないが、そのうちに力士と推定されるもののあることは注目をひく。力士の黥面文身の場合、相手に対する威嚇の意味があり、前述の黥面史料との共通性がうかがわれるからである。七世紀初頭の段階で、はたして倭国伝の記すように「男女多く」であったか否かについてはなお問題も残るが、「生き物」を扱う職能集団や武人・力士などの人びとの間に、黥面習俗が残存していたことは、まず認めてよいと思う。

**黥面文身習俗の変遷**　ところで黥面文身の習俗は、その習俗の基礎に呪術的な精神が生きていることによってはじめて存続しうるものである。この点で、石川栄吉が紹介している南太平洋地域のいれずみの歴史は興味深い内容をもっている。かつてキャプテン・クックたちが活躍していた十五世紀末から十六世紀の大航海時代に、タヒチ・マルケサス・ニュージーランドなどの地域では、盛んにいれずみが行なわれていた。ところがこの地域のいれずみはその後のヨーロッパ文明との接触、とくにキ

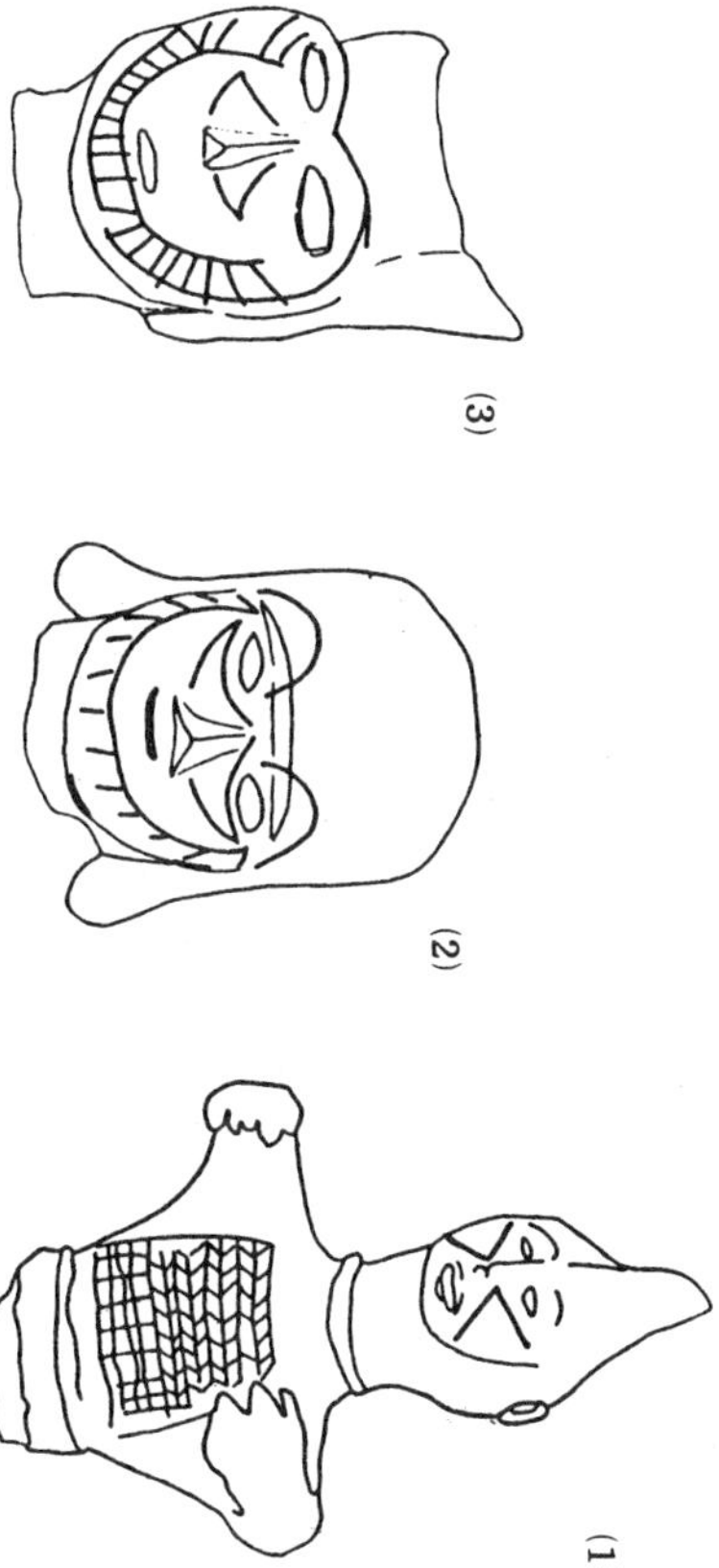


**人物埴輪にみられる黥面**（伊藤純「古代日本における黥面試論」『ヒストリア』104号、1984年より）。(1)の人物は力士と推定されている。

リスト教の影響のもとで急速に消滅していった。つまり黥面文身の習俗は、他の高文明をもつ社会との接触やその文化の受容を契機に消滅してゆくのである。

倭人社会に圧倒的な影響力をもっていたのは中国文明である。中国では、すでに周王朝以前から刑罰の一つとして黥刑があった。ところが前漢王朝の孝文帝の十三年（紀元前一六七）に、黥刑を含む肉体を損傷する刑罰を廃止する方向が目指される。だがその廃止は一挙に行なわれることなくその後も黥刑は存続していた。ただし黥刑は南北朝時代の北朝には存在しなかったらしい。その後、隋・唐の時代になると、笞《ち》・杖《じよう》・徒《ず》・流《る》・死《し》の五刑の体系が成立し、黥刑はまったくみられなくなる。いずれにせよ、古代中国人の常識からすると、黥面文身は罪人の標識だったわけである。

中国文明を受容して黥面文身が罪人の標識であることを知るにいたった倭人社会での変化が、どのように進んでいったかを知る史料は残されていない。だが、大要つぎのような過程を辿ったと推測することができる。まず中国での黥面文身が罪人の標識であることを知った支配層がこの習俗から離脱する。それを契機に集団的な規制や強制がなくなって次第に任意的習俗となる。だが特定の職能集団ではその習俗を集団として持続する、というプロセスである。前記した阿曇連の黥面や鳥養部の黥面などは、彼らの犯した犯罪と結びつけて記されているが、そのことは五・六世紀代の日本に黥刑が刑罰として存在したことを意味するものではなく、『古事記』、『日本書紀』の編纂された八世紀初頭の支配層が、中国での黥刑の知識によって、それぞれの集団の黥面習俗の由来を王権の尊厳との関係で説明しようとしたもの、とみるべきものであろう。

現在、正倉院に伝えられている八世紀に作成された戸籍《こせき》・計帳《けいちょう》、とくに計帳には、個人の身体的特徴を黒子《ほくろ》に至るまで注記しているが、黥面文身に関する注記はまったくない。旧版の『大日本古文書』第一巻に天平五年（七三三）の「右京計帳」の次田連福徳《つぎたのむらじふくとく》の戸口集計の注記に「一人文身」とあるが、覆刻版《ふっこくばん》の訂正するように「丈身《じょうしん》」が正しい。丈身は仗身《じょうしん》のことで五位以上の貴族に武器をもって護衛にあたる下級官人のことである。このことは八世紀代では、蝦夷や特定の職能集団を除いて、黥面文身の習俗がほぼ消滅していたことを示している。三世紀の黥面文身の習俗は、こうした中国文明の影響を受ける以前のものであり、当時の倭人社会のなかで独自の意味をもって行なわれていたものなのである。

**文身は男子のみが行なった**　「倭人伝」では、男子は大小となく皆、黥面文身したとある。その後の叙述では黥面については述べておらず、また前述の線刻人面土器の特殊性からみて、黥面は特別の人びとにのみ行なわれたものと思われるので、以下では文身を中心に述べることにする。

当然のことながら、文身は生まれながらのものではなく、人為的に肉体を毀傷したものである。多くの民族学的な事例の示すところでは、男女とも成年に達して結婚の資格をもったことの標識であることが多い。たしかに文身はその施術に苦痛を伴うものであり、その苦痛に耐えうる年齢で行なわれたものと思われる。またあまり幼少のときに行なうと生長にともなって形態に歪みを生ずることもあるから、施術に適した年齢はおのずから存在する。とくに「倭人伝」によれば、文様の大小によって身分の尊卑をあらわしたとあるから、施術にふさわしい年齢があったことは当然、予想されてよい。このことからすると「倭人伝」が「大小となく」と記すのをその通りに理解し、乳幼児を含むすべての男性とみることには問題がある。だが他の民族事例のように結婚の適齢に達したときに行なわれたとみることは、さきの「倭人伝」の記述からすると困難であるといわなければならない。

当時の倭人社会でも行なわれていたであろう成年式の儀礼が、何歳のころに行なわれていたのかは明らかではない。この点で倭人の文身が、もともとは水人の潜水漁法時の災害を防ぐための呪的文様として始まったことがあらためて想起される。つまり潜水して魚や蛤をとる生産労働に参加しうる年齢に達したときに行なわれた可能性を考えたいのである。この点からすると十歳前後を想定してよいのではなかろうか。大林太良がオラオン族の少年について六、七歳で文身を行なった事例を紹介していることも一つの参考になる。以上の解釈は「倭人伝」が男子全員とすることと若干矛盾するが、魏の使節からするとまだ子供の倭人も文身していたことから、こうした記述を生んだのではなかったか。推測を重ねた憶測であるが、水人の生産労働との関係から文身が始まったことを重視して、以上のように考えておきたい。

**弥生時代の親族関係について**　問題は、男子のみが「国」に帰属する標識を自らの身体に持っていた、ということである。「国」については次章で述べる。ここでは、なぜ男子のみが「国」のメンバーであることを強調しなければならなかったのかが問題なのである。一般に原始社会においては、血縁関係によって社会が組織されると考えられてきた。右の文身のあり方からすると、男子のみが「国」の正規のメンバーとして扱われていたとみて、当時の倭人社会が男性を中心として組織された父系制社会である、という見解も生じうる。だが問題はそれほど単純ではない。

　原始・未開社会に関するモルガン・エンゲルスらの古典学説では、乱婚期を経たあと、まず母系制社会、つぎに父系制社会が成立すると考えられていた。今日の民族学の分野では古典学説に対するさまざまな批判が行なわれており、母系から父系へという発展段階論に対しても懐疑的である。日本の未開・古代社会についても、母系制を重視する見解と父系制の早期の出現を想定する説と、そのいずれでもない双系制とみる説とがあり、現在さまざまなかたちでの論争が行なわれている。この問題について立ち入ることは本書の主要な課題ではないので、以下では、現在の私自身の見解を結論的に述べるにとどめたい。

　縄文時代あるいはそれ以前の社会は別であるが、水稲耕作を基本とした定住生活に入った弥生時代の倭人社会では、父系・母系といった血縁関係が社会組織の基本的原理として現実に社会そのものを組織することはなかった。人びとは土地占拠を基本とした現実の生活の生産と再生産の確保に必要な限り、父系・母系を問わずに自らの社会を組織した。血縁関係はより身近な人びととの日常生活の共同性を維持してゆくうえでの関係として、副次的な役割を社会のなかで果たすにとどまった。

右のような社会のなかでの血縁関係のあり方は、その後の日本社会にさまざまな痕跡を残すことになる。古代以来の日本での親族呼称がそのことを示している。日本では父方・母方を問わずに、父母の兄弟姉妹はオジ・オバと呼ばれ、父母の兄弟姉妹の子はイトコと呼ばれている。父系あるいは母系の社会ではそれぞれを明確に区別した呼称がある。こうした親族呼称から現在では日本古代を双系制社会とみる説もあるわけだが、双系制という親族関係は社会組織の原理とはなりえない。社会全体が血縁以外の原理で構成されていることを前提とし、そうした社会での親族関係であるに過ぎない。最近、田中良之が人骨の遺伝的形質とくに歯についての「歯冠計測値」を基礎にして埋葬された人骨についてすぐれた研究を行ない、弥生後期から古墳時代にかけての時期に、社会の基層に双系的親族関係の存在すること、それが五世紀末を画期として父系的に編成されてゆくことを実証した。田中の研究については、その方法や適用の仕方についてなお慎重に検討すべき問題も残されているが、歯冠計測値という自然科学的な方法と考古学の方法とを融合させた画期的な研究として高く評価すべきものと思われる。ともあれ弥生時代の倭人社会は母系・父系に拘わらない双系的親族関係を、その社会の基層に持っていたのである。このような社会のなかで、なぜ男子のみが「国」への帰属を明示する標識としての文身を行なっていたのかが、あらためて問われることになる。

**男子の文身は戦士の標識**　結論的にいえば、男子の「国」ごとに異なる文身は、「国」の戦士としての標識であった、と考える。最近の考古学では、弥生時代とくに中期以降の倭人社会では軍事的緊張が強かったことを、さまざまな徴標から具体的に明らかにしつつある。この問題を一貫して重視している佐原真の研究によってその内容をまとめると次の通りである。

**弥生時代は戦争の時代**　第一は弥生時代の集落が濠と土塁をめぐらせた「環濠集落《かんごうしゅうらく》」として営まれているということである。縄文時代に環濠集落はなく、また古墳時代になると消滅する。この環濠集落が、集落の外からの攻撃を防護するために営まれたものであることはいうまでもない。この集落形態の祖型とみることのできる遺跡が、最近、朝鮮半島南部地域の検丹里《こむたんに》・松菊里《そんぐんに》から検出されており、弥生時代の開始に大きな役割を果たした渡来人集団が伝えたことが明らかになりつつある。北部九州から近畿地方にいたる西日本各地では弥生時代前期からこのような環濠集落が営まれており、東日本では弥生時代中期後半と後期に多くの環濠集落が営まれている。有名な吉野ケ里遺跡では内濠と外濠の二重の濠が掘られ、内濠の内側に物見櫓《ものみやぐら》が設けられていた。環濠集落のなかでもっとも防御施設の発達した集落として知られているのは弥生時代中期の愛知県の朝日《あさひ》遺跡である。集落の周囲に大溝をめぐらせて、その土を内側に盛り上げて土塁をつくってその上に柵をめぐらし、その外側に三重の柵とともに外側に斜に傾けて打ち込んだ逆茂木《さかもぎ》まで設備している。こうした環濠集落が外敵の攻撃から集落を防護するためのものであったことはいうまでもない。

第二は高地性集落の存在である。水稲耕作を主たる生業とする弥生人たちにとって、水田に近い平地に集落を営むのがもっとも自然なのであるが、わざわざ平地を避けて高地に集落を営んでいる。高地性集落には、主となる集落を防護するために見張りのために営まれたものと、集落全体が平地から高地に移動したと考えられるものとがある。前者には敵の来襲を知らせるための狼煙《のろし》の設備をもつ佐賀県の中湊《なかみなと》遺跡、後者にはそれまでの平地の池上《いけがみ》・曽根《そね》遺跡から移転したと考えられる大阪府の観《かん》音寺山《のんじやま》遺跡がある。こうした高地性集落の存在も、弥生時代の軍事的緊張のきびしさを物語るものである。

第三は人体を殺傷するための武器の発達である。縄文人たちは狩猟のための道具として弓矢を持っていたが、鏃《やじり》の大きさからみて人体殺傷用の武器ではなかった。弥生時代になると鏃が急速に大きくなり、石鏃だけでなく青銅や鉄でつくられたより性能の高い武器となってゆく。このほかに石槍・石剣や青銅製・鉄製の剣や矛なども造られるようになってゆく。

第四により具体的な事例としては、戦いによって死亡したり、傷ついたと推定される人骨が多数検出されていることを挙げることができる。銅剣の剣先の突きささった頭骨や、首のない人骨などの存在はその悲惨な実例である。

第五にはこうした武力による衝突が繰り返されることから武力の崇拝がおこり、武器あるいは武器の形をしたものが儀式や信仰の対象として尊重されるようになってくる。かつては実用の武器であった剣や矛が、武器としての意味を失って祭器になってゆくことが、このことを示している。

以上のような環濠集落・高地性集落・武器の発達・殺傷された人骨・武力崇拝の諸事実は、弥生時代がきびしい軍事的緊張を伴った戦争の時代であったことを示す。現在までのところ、戦闘によって殺傷された人骨は、ごく一部の例外を除いて殆ど男子の人骨である。つまり、当時の男子は戦士あるいは将来の戦士として「国」としては確保しておくべき存在だったわけである。こうした「国」の戦士あるいは将来の戦士としての資格を明らかにする標識が、男子のみの「国」ごとに異なる文身であったのである。

**男子の文身の歴史的な意味**　ところで三世紀の段階での戦士としての男性の重視は、その後の五世紀末以降に明確になってくる「家父長制」という内容での男性優位のあり方とは、いささか異なっている。五世紀末以降の家父長制は、生産諸力の発展によって、それまで首長を中心とした共同体的諸関係の内部に埋没していた成員たちが、自らの個別経営を実現させることによって自立してくることを基礎にして、その個別経営の家長が経営体の成員に対して支配的な地位を占めるという関係のことである。だが三世紀段階の男性重視は、これとは異なって「国」という集団相互の対立による軍事的緊張に原因をもつもので、それは生産諸力の発展という経済的・社会的な契機によるものではなく、もっぱら政治的契機によるものである。もし「国」相互の対立が緩和され、将来にわたって平和が維持されるならば、戦士としての男性重視は消滅してゆく可能性がある。その意味で、五世紀末以降の家父長制のもとでの男性の優位とは区別しておく必要がある。

さらに男性の「国」のメンバーとしての標識を「文身」という形で表現していることについても注

意しておく必要があろう。政治的契機から生まれたものとはいえ、文身という習俗には、それが当初からもっていた呪術的性格が依然として生きつづけている。そうした呪術的な精神生活が生きていることを媒介にしてのみ、文身は「国」や「尊卑」の標識となりえたとみなければならないだろう。卑弥呼の時代の倭人社会のあり方を考えるうえで、呪術のもつ意味を重視しておきたい。

以上、文身習俗をこの時代の「国」を単位とした軍事的緊張との関係から、考古学の成果を重視しながら述べた。弥生時代とくに卑弥呼の時代を戦争の時代としてとらえることは、文献史料によっても支持される。『漢書』の段階では「百余国」からなると中国側で理解されていた倭人社会は、三世紀中頃の「倭人伝」の段階では「三十余国」からなると記されている。この大幅な「国」数の減少は、各種の戦乱などを通じて弱小の「国」が吸収合併されていったことを示すものである。「倭人伝」にも、卑弥呼の登場をめぐって戦乱のあったこと、卑弥呼の晩年に狗奴国との戦争のあったこと、卑弥呼の死後に後継者の決定をめぐって戦乱のあったことが記されている。たしかに卑弥呼の時代は軍事的緊張のきびしい時代であった。卑弥呼がこのような時代にどのような役割を担った「倭国王」であったのかということは、彼女の王権の歴史的性格を考えるうえですこぶる重要な課題である。だがその前提として相互に対立した「国」という単位がどのようなものであったのかを明らかにしておく必要がある。以下では「法」に関する各種の習俗を通じて「国」自体の社会のあり方についてみることにしたい。

## 3　倭人社会の「法」と社会構成

**未開社会と「法」**　一般に「法」という場合、国家によって制定された法律を「法」として理解されがちであるが、国家成立以前の未開社会にも「法」は存在した。こうした「法」は、未開社会の社会秩序とそのもとで営まれる社会生活と不可分の関係をもち、その社会のさまざまな習俗のかたちをとって存在しまた機能していた。本節では「倭人伝」に記されているいくつかの習俗をとりあげて、倭人社会の「法」と社会構成について述べたいと思う。

ところでそれぞれの民族のそれぞれの時代の人びとが、「法」をどのようなものとして自覚していたかは、「法」に関するその民族のその時代の「ことば」に表現されているものである。この点で「倭人伝」は最良の史料とはいえない。各種の習俗に関する記述はあるが、陳寿の漢文で書かれており、倭人たちの「法」に関する「ことば」はまったく記されていないからである。そこで以下では、まず、三省堂『時代別国語大辞典　上代編』・岩波書店『岩波古語辞典』・小学館『日本国語大辞典』などの国語辞典に集約されている国語学の成果によりながら、日本古代の「法」に関する「ことば」をたしかめ、それを基礎にして「倭人伝」の習俗の記述から知られる「法」のあり方について考えることにしたい。

## 「のり」＝「法」

「法」を意味する日本古代の「ことば」は「のり」であった。このことは『古事記』や『日本書紀』などの文献に記されている法・則・矩・典・法則・法式などの「法」を意味する用字に対して、共通して「のり」という古訓のあることにあきらかである。この「のり」には、⑴法律を意味し社会生活などにおいて守り従うべき規準、⑵物質的な関係での規準、技術に関する尺度、建築や医療の方法、⑶仏法、の意味がある（『時代別国語大辞典　上代編』）。この三つのうち⑴が基本で、そこから⑵⑶の意味が派生したものとみてよい。ではなぜ「のり」という言葉が「法」の意味を持つことになったのであろうか。

「のり」という言葉は、動詞「のる」の連用形が名詞になったものである。「のる」は乗物に「乗る」の意味ではない。「のる」という言葉には、言う、述べる、宣言するという意味があるのだが、単に「物事を言う」ことではない。普通は言ってはならないことを言う、重要な意味をもった発言、呪力をもった発言、といった意味をもつ言葉なのである。こうした動詞の「のる」という言葉は『万葉集』などにも数多く用例があるのだが、そのなかには、恋人に対して自分に対する愛情の有無を明らかにすることを求める言葉として「汝《な》が心のれ」（『万葉集』三四二五番）のように用いられる例もあり、「のる」ことの内容が常に「のり」＝「法」としての意味を持っていたのではない。「のる」言葉が「法」としての「のり」の意味をもつためには、「のる」人とそれを聞く人との間に社会的に確認されている明確な上下関係があり、上位者の「のる」内容に対して、それを聞く下位者がそれを尊重し遵守することを当然とする関係にあることが前提となっているわけである。

日本語の「のり」が「法」としての意味を持ちうるのは、社会構成として上下の明確な秩序があり、上位者に呪術的な意味をも含めた権威が認められていて、上位者の決定が下位者を規制し束縛するのを当然とする関係があってのことなのである。この場合、「のり」が本来は言葉であることから、上下の人びとの集まっている場があり、その場での一定の儀礼をも伴いながらの発言であったことも考慮しておく必要があろう。

**「ことわり」＝「法」**　「のり」が「法」の意味をもつようになった関係は以上の通りなのだが、このような法観念はすこぶる政治的・社会的な色彩が強く、一般に「法」のもっている今一つの側面としての、自然法的・普遍法的な内容とは馴染まないところがある。では日本古代に自然法的・普遍法的な意味をもつ「ことば」は存在したのであろうか。現在の私達の言語感覚からすると「おきて」「ならわし」「さだめ」などを思い浮かべることができるが、これらの言葉が右のような意味をもって用いられるようになるのは平安中期以降で、「ことわり」のみが右のような意味をもって用いられていた。

「ことわり」という言葉は動詞「ことわる」の連用形が名詞化したものである。「ことわる」は、今日では辞退・拒絶・事情を説明する・言訳《いいわけ》を言う、などの意味で用いられているが、古代では「物事の理非を判別する」という意味あいが強く、名詞「ことわり」はそれから転じて「人の力では支配し動かすことのできない条理、道理、物事のすじ道」（『日本国語大辞典』）の意味をもっていた。その意味で「のり」が人間相互の上下関係の存在を前提とした上位者の決定という「人為的」性格をもっているのに対して、「ことわり」にはそうした人間関係を超えた「自然法的」な意味が含まれているということができる。『万葉集』にもこうした「ことわり」の用例を見ることができるのであるが、そこでは神の摂理（六〇五番）、世間の常識になっている慣習（四二二〇番）、運命または世間の道理（三七六一番）、人間の自然の感情（八〇〇番）などが、「ことわり」として表現されている。そこには素朴な形をとって「のり」とは異なった自然法的な規範意識が表明されている。

## 「のり」と「ことわり」の関係

問題は、こうした二つの「法」意識相互の関係である。九世紀初頭に斎部広成《いんべのひろなり》によって書かれた『古語拾遺《こごしゅうい》』のなかに、大己貴神《おおなむちのかみ》と小彦名神《すくなひこなのかみ》が人や家畜の医療や鳥・獣・虫などによる農害を防ぐ「のり」を定めた、との記述がある。こうした医療や農害を防ぐ方法などは、いうまでもなく永年の経験や知識によって獲得されたもので、それ自体はあきらかに「ことわり」の世界に属する。ところがそれらを二柱《ふたはしら》の神の定めた「のり」としている。このことには権威ある神の「のり」とすることによって、それぞれの「ことわり」の尊重を強調しようとする意識がみられる。このことは日本古代にのみ見られることではない。各民族の神話に生産や社会生活にかかわって語られる「英雄神」の場合には、右のような関係が一般的にみられる。問題は、歴史具体的な現実の政治的・社会的秩序にかかわる「のり」と「ことわり」との関係である。

右のような「のり」と「ことわり」の関係は、日本古代においては「のり」が常に優先し、「ことわり」は副次的な関係に置かれる。それどころか「のり」の忠実な実践によって「ことわり」が実現できるという観念が、八世紀代の律令国家のもとでの官僚たちを支配しており、こうした「法」観念が一般民衆に対しても強制される関係になっている。日本古代の「法」を意味する「ことば」が、「のり」によって代表され定着していることが、そのことを示している。このような「法」観念は、八世紀の律令国家のもとで初めて形成されたものではなく、それ以前からの日本社会のなかで歴史的に形成されたものである。「倭人伝」の習俗にあらわれている「法」観念のなかに、右のような「のり」と「ことわり」の関係をさぐることが本節の課題なのである。

**漢字に示される「法」観念**　ところで右のような日本古代の「法」観念のあり方を、東アジアの他種族と比較することは、倭人社会の特徴を明確にするうえで必要な手続きといえるだろう。ここでは中国の「漢字」を取り上げたい。漢字には中国の原初的な諸観念が「ことば」として表現されているからである。漢字で「法」を意味する文字としては、法・則・理・道・経などがある。以下、諸橋轍次『大漢和辞典』によりながらそれぞれの字の意味について簡単に述べることにする。

法の本字は「灋」で、シ（水）・廌（解廌《かいたい》）・去の三つの文字の合字である。解廌とは中国人の創造した想像上の動物で、山羊に似た一角獣で理非曲直を知る神獣とされている。灋とは、人が理非を争うとき、解廌があらわれて非なるものに触れて去ることによって公平な裁きを下す、ということをあらわした文字なのである。つまり神判《しんぱん》によって理非を決するという意味をもっているわけである。この場合、理非の判定は神獣の行なうもので、「のり」のように社会的に上位にある人間の命令ではないことに注意したい。つまり「法」とは人智を超えた神聖な規準であるとする観念、前述の「ことわり」こそが「法」であるという観念が語られているといってよいだろう。

則は貝と刀の合字で、貝＝物価の高低を定める、区切る、分けるが本来の意味で、それから転じて人の従うべき法則を意味することになる。則の場合、人間の社会生活そのもののなかに存在する一定の法則についての認識、つまり「ことわり」からその語義が生まれている。理の場合は、自然の不整形な「玉《ぎょく》」を切り磨いて有用の器物を創り出すというのが本来の意味で、これからただす、ととのえる、さばく、などを意味するようになる。つまり自然物から一定の法則に従って有用物を生み出す行為から転じて、人間社会の道理を意味する用語になっており、これも「ことわり」を基礎にしている。道の場合は、人体の頂上にある首に達するの意味から、ひとすじの道、さらには道徳の意味をもつようになる。経は元来は「たていと」であり、そこから上下や南北に通じる意味となり、転じて道や法を意味することになる。

**中国古代と日本古代の「法」観念の差**　以上を通じていえることは、漢字の法や規範に関する文字が、人間相互の上下関係や政治的秩序の存在を前提とせず、天地自然あるいは人間生活のなかに存在する「きまり」を意味するもので、「ことわり」にその語義を持っている、ということである。このような漢字にみられる自然法的な法観念が、その後どのように展開してゆくかは中国思想史の問題であり、たち入るつもりはない。だがこのような法観念が「天」の思想と結合し、そこに現実世界の政治の場での「法」の正統性の根拠が求められたことは否定できないと思われる。天命を受けた天子を最高の政治支配者とするという関係が見られるからである。このことは、法が政治支配者の制定する「のり」であるにとどまらず、つねに「天」の「ことわり」に従うべきものとされ、もし「のり」が「ことわり」に背くときには、革命もまた正当であるという論理を生むことになる。

日本古代では「法」が「のり」と観念され、「ことわり」はそれとは一応は別個のものと意識されながらも「のり」に包摂される関係にあった。その点で漢字を生みだした中国古代の「法」観念とは明らかに異なる。こうした日本古代の法観念が「倭人伝」のなかでどのような内容をもって記されているのかが問題となるわけである。

**「倭人伝」の「法」関係記事**　「倭人伝」の法関係記事の中心部分は、前章で行なった段落区分のC段落の末尾の文章である。これを整理すると次の通りである。

(1)　国の大人は皆四・五婦。下戸或《ある》いは二・三婦。

(2)　婦人淫《いん》せず、妬忌《とき》せず。盗竊《とうせつ》せず、諍訟《そうしょう》少なし。

(3)　其の法を犯すや、軽き者は其の妻子を没し、重き者は其の門戸《もんこ》および宗族《そうぞく》を滅す。

(4)　尊卑おのおの差序あり、相《あ》い臣服するに足る。

以下、各項について検討しよう。まず⑴について。この項では「国」「大人」「下戸」と、当時の倭人社会で行なわれていた多妻制が問題になる。

**「国」について**　まず「国」であるが、「国」については次章で検討するので、ここでは次章での検討の結果を結論的に述べるにとどめたい。陳寿は魏書巻三十の烏丸《うがん》伝・鮮卑《せんぴ》伝・東夷《とうい》伝で九種族について述べているが、「国」の用法には一定の内容がある。陳寿は、有力な「大人」の出現によって支配領域の流動する烏丸や鮮卑などの場合、「国」という用語をまったく用いていない。また諸邑落が分散的に割拠したり、他の有力種族に支配されたり、中国の郡県制に組み込まれたりした沃沮《よくそ》・挹《ゆう》婁《ろう》・濊《わい》の場合も同様である。これに対して一種族で恒常的に自立的な政治的結合を持つ夫余《ふよ》・高句麗《こうくり》については一種族を「国」としている。王を中心とするゆるやかな結合しか持たない韓《かん》族については種族的結合を「国」とは記さず、種族内部に存在した政治的結合体に対してのみ固有名詞を付した「国」として記している。倭人社会に対しては、王を中心とする結合を「倭国」と記すとともに、固有名詞をもつ小「国」の存在を記している。

以上のような九種族に関する「国」の用法からすると、中国からみて「安定した、恒常的で、自立的な政治的結合をもつ集団」を表わす用語が「国」であったと結論することができる。こうした「国」が現在の私達の理解する「国家」であったのかどうかは慎重に検討すべきことである。ともあれ、本項の冒頭に記されている「国」は、当時の倭人社会の内部に多数存在した固有名詞をもつ「国」であり、倭人社会の基本的な政治的結合の単位であったわけである。

**「大人」と「下戸」**　「大人」について。魏書巻三十や王沈の『魏書』などには、烏丸以下の九種族に関する記述に「大人」の用語がしばしばあらわれる。この「大人」という用語は、一般的な首長を指して用いられる「渠帥《きょすい》」や、首長勢力の大小を区別した「長帥《ちょうすい》」「小帥《しょうすい》」、経済的な支配階級を意味して用いられる夫余の「豪民《ごうみん》」や高句麗の「大家《たいか》」などとは、明確に区別された用語である。「大人」はそれぞれの種族の政治的結合体の支配的地位にある政治的支配層に対して、中国人の与えた普通名詞的な称号なのである。もしそれぞれの種族にこうした政治的支配層をさすための独自の用語があれば、その種族の場合は原則として「大人」という用語は用いられない。夫余や高句麗の場合政治的支配層を指す種族の言葉として「諸加」があるが、この場合「大人」は例外的に用いられるにとどまる。

「倭人伝」の場合、他種族にみられる大人以外の称号である渠帥・長帥・小帥はもちろん、夫余・高句麗にみられる豪民・大家や諸加などの用語はまったくみられず、支配的地位にあるものを表わす用語としては「大人」があるだけである。これとともに諸種族の場合、種族または「国」内部の小規模な社会的集団の単位として「邑落《ゆうらく》」という用語が記されているが、「倭人伝」中にまったくみられないことも注意しておく必要がある。

「下戸」は「大人」に対する用語で、中国人が当時の一般民衆に対して与えた普通名詞である。すでに武田幸男の研究によって明らかにされているように、「下戸」は「大人」の支配下にあって一般的には「邑落」と称される共同体を構成した成員たちであり、社会的にはいくつかの階層からなる。下戸と称される民衆のなかには小共同体を率いる小首長も含まれていたのである。

### 大人と下戸の関係

「倭人伝」によると、大人と下戸との間には日常的にも厳守されるべき各種の儀礼的行動があった。その一つは「大人の敬する所を見れば、ただ手を搏《う》ち以て跪拝《きはい》に当《あ》つ」とあるものである。この文章についてはさまざまな解釈もあるが、次のように理解するのが妥当だろう。大人が自分よりも上位または同等の政治的地位にあるものに対してひざまずいて頭を下げる跪拝の礼をとって敬意をあらわしているときには、下戸はその後方にあって、跪拝よりもより丁重で神に対して行なう拍手《かしわで》をして尊敬の意を表わすという礼を行なう、と。「倭人伝」の文では大人がどのような行為で尊敬の意を表わしたのかは不明だが、後文に下戸が跪拝のかわりに拍手をしたとあるから、大人は跪拝の礼をとったとみてよい。下戸の拍手は大人の跪拝よりも、より尊敬の意を表わす行為でなければならず、それが神への礼拝の際の拍手の礼であったわけである。

神への礼拝が拍手を打って行なうものであることは、日本社会では現在も行なわれていることなのだが、当時の倭人たちの神への礼拝の行動について熟知しなかった魏の使節や陳寿は、ただ拍手するとのみ記したわけである。この跪拝については、大人と出会ったときの下戸の行動儀礼にもみられ、古代の日本では上位者に対する下位者の儀礼としてその後も行なわれた。このことはいわゆる大化改新の際、大化三年（六四七）に宮廷の礼法を改めて「立礼」とすることが定められたが、永年の風習は一挙には改まらず、天武十一年（六八二）にふたたび「立礼」を宮廷での礼法として定めた事情にもうかがわれる。

今一つは、大人と下戸との直接的な関係の場合の行動儀礼である。下戸が道路で大人と出会ったとき、下戸は必ず道を譲って草むらに入らなければならなかった。また大人から声をかけられた場合、蹲《うずくま》るか跪《ひざまず》くかして両手を地につけて敬意を表わし、大人に対して「噫《あい》」（今日のハイに同じ）と答えなければならなかった。下戸は大人との応答の場合には大人に対して跪拝の礼を取っているわけである。

右のような大人と下戸との間の日常的な儀礼的行動は、おそらく魏の使節たちの実見によるものである。そのような儀礼的行動のなかに、当時の倭人社会の身分的な秩序の確立していたことが示されているといってよいだろう。

**多妻はステイタス・シンボルだった**　「国の大人」の多妻について「倭人伝」は「皆四・五婦」と記している。このことは「国」の支配的地位にある「大人」にとって、多妻がその地位の象徴（ステイタス・シンボル）になっていたことを示している。とくに「皆」とあることに注意したい。それにつづけて「下戸或いは二・三婦」とある。この下戸を一般民衆とみて、当時の倭人社会が全体として多妻を認める関係にあったとする解釈も、一部では行なわれている。だが大人の多妻制がステイタス・シンボルであったことに注意するならば、下戸の多妻もやはりそれと同様の意味で理解するのが妥当であろう。前述のように「倭人伝」には他種族の場合に記されている渠帥などの小首長に関する用語はまったくみられない。だが「国」の内部にそうした小首長が倭人社会にも存在したことは確実とみてよい。さきに下戸が大人に対する用語であり、大人に政治的に従属するものに対する普通名詞であって、当該社会内部の社会的な階層をあらわすものでなかったことを述べた。下戸のなかには小首長層も含まれていたのである。彼らはその地位に関するステイタス・シンボルとして二、三人の婦人を娶っていたのである。この場合、「下戸或いは」とあって、下戸のなかの例外的な現象と記していたことも注意されてよい。なおこのようにみてくると、一般民衆の場合事実上の一夫一婦関係が当時の婚姻のあり方であったといえることになる。

**婦人の淫と妬について**　②婦人淫せず、妬忌せず。盗竊せず、諍訟少し。

この項は、婦人に関する「淫」と「妬忌」と、後段の一般的な「盗竊」「諍訟」からなる。婦人の「淫」と「妬忌」は、前項の大人や小首長である下戸の多妻制との関連で記されたと理解してよいだろう。なぜ「淫」や「妬忌」が特に記されているのか。この点で「東夷伝」の夫余条に「男女の淫、婦人の妬、皆これを殺す。尤《もっと》も妬を憎む」とある記述と対比してみる必要がある。当時の夫余は倭人社会よりも相当に発展した社会段階にあり、政治的にも王を中心とした伝統的貴族層が「諸加」階級として支配権を掌握しており、経済的支配階級としての「豪民」も出現していた。こうした夫余社会において「男女の淫」つまり婚姻以外の男女のまじわりが死刑とされているのは、単なる道徳の問題ではなく、婚姻関係が社会組織の原理的な紐帯として重要な意味をもっていたからとみなければならないだろう。

このことは、古典学説において強調されていた、氏族が内部に対してインセスト・タブー（近親者間の婚姻関係の禁止）をもち、婚姻が他氏族との間で行なわれ、氏族相互の結合や社会組織が婚姻関係を基礎に行なわれている、という関係が行なわれていたことによると思われる。夫余社会については、今後のより厳密な分析を必要としているが、男女の淫が死刑となるというきびしい刑罰の成立する背景に、以上のような関係を考えることができると思われる。

もっとも、憎まれて死刑の対象となった「妬」に関してはどのように考えることができるのであろうか。「妬」とは妻が、夫が他の女性に対して関心をもつことに対していわゆる「やきもち」をやくことである。そのような一般的な「妬」が死刑の対象となるということは、甚だ理解しにくい。この「妬」は夫余条には記されていないが、支配層の間でさきの倭人社会の場合と同様に、ステイタス・シンボルとして多妻制が行なわれていたことを想定することによって、はじめて説明がつく。多妻制のもとでの妻相互の確執を意味する「妬」は、多妻制という形をとって表現されているステイタス・シンボルの否定を意味することになるからである。

「倭人伝」が支配層の多妻制の記述に続けて「淫」や「妬」がないと記しているのは、多妻制という形をとって表現されている大人たちの政治的・社会的権威が、それなりに安定していたことを記したものなのである。これにつづけて盗みや争いごとがすくないと記しているのは、倭人社会の政治体制や社会秩序が、次にみるきびしい刑罰による強制もあってのことではあるが、「国」の内部ではそれなりに安定していたことを示したものとみてよいだろう。

**倭人社会の刑罰について**　(3) 其の法を犯すや、軽き者は其の妻子を没し、重き者は其の門戸および宗族を滅す。

全体として社会的秩序が保持されていた当時の倭人社会では、法を犯したものに対してきびしい刑罰が行なわれていた。軽罪を犯した場合の「没」は奴婢とすることで、犯人の妻子は集団内の成員としての資格を失って奴婢とされた。この文章では犯人がどのように罰せられたのかが明らかでないが、夫余条に「殺人者は死し、妻子を没して奴婢となす」、高句麗条に「罪あらば、諸加、評議してすなわちこれを殺し、妻子を没入して奴婢となす」と記されていることからすると、奴婢とするよりも重い刑として死刑に処せられたものとみるべきであろう。

**「門戸」と「宗族」**　重罪者に対しては、犯人の所属する「門戸」「宗族」が「滅」せられた。百衲本では「宗族」を「親族」、「滅」を「没」と記しているが、ここでは通行本に従っておく。門戸とは「倭人伝」にのみ記されている社会集団をあらわす用語なのだが、その実態は、すでに原島礼二が明らかにしているように、当時の倭人社会のなかで人びとが数個の竪穴住居址群を営んで生活の単位としていたことにかかわるもので、世帯共同体として理解するのが妥当である。こうした数個の竪穴住居のまとまりについては、早く近藤義郎が注目し、これを単位集団と呼んでいる。「宗族」はこうした竪穴住居址群のいくつかからなる集落にあたるものとみてよい。百衲本のように「親族」とみてもその実態は同じであろう。このような集落は、他種族の場合には「邑落」と記されている。「滅」とは「みなごろし」の意味で重罪者の場合、いわばその一族が罪の重さによってその範囲は異なるが、いわゆる「族滅」の刑に処せられたわけである。「没」の場合は一族が奴婢とされることになる。

「倭人伝」が他の種族に例をみない「門戸」という単位をあげていることは注目に値する。個々の竪穴住居に居住する家族集団が、生活の自立的な単位でなかったことを物語っているからである。またこのような竪穴住居址群を営んだ家族集団のあり方は、単に三世紀だけのものではなく、八世紀代にもみられるもので、日本古代の基本的な家族形態でもあった。また他種族において「邑落」に相当する集団を「宗族」としていることも注意を要する。この集団がとくに親族的関係の強い集団であることが強調されているからである。

**連坐の範囲の特殊性**　ところで重罪者に対する連坐の罪が門戸・宗族といった広範囲の親族にまで及ぶのは、九種族のなかで倭人だけである。連坐の記述は倭人以外では前述の夫余・高句麗にみられるが、その場合はいずれも「妻子」にとどまっている。このことは、両種族に比べて、倭人社会が親族的結合が強かったことによるとも考えられるが、それだけでは済まない問題がある。一般に未開社会では血縁的な親族結合の単位である氏族は、他氏族との関係において、氏族の成員が他氏族によって殺害された場合、その報復として相手方を殺害する権利をもち、「血の復讐《ふくしゅう》」やそれを行なわない場合は「賠償《ばいしょう》」を求める権利が認められ、独自の法的主体としての地位と機能が認められていた。「倭人伝」とほぼ同じ時期の烏丸について、王沈の『魏書』にこうした関係が具体的に叙述されている。

烏丸は父系氏族制を基礎とする遊牧種族で、後漢末から三国時代にかけて中国の北方で活発に活動していた。王沈によれば、同一氏族内の父系親族間での殺人は罪とはならず、氏族内部での解決に委ねられる。他氏族との紛争に関しては、氏族に「血の復讐」の権利が認められており、双方が調停を求める場合にのみ、大人によって賠償による解決がはかられた。また種族に対する反逆者で、大人に捕えられたものを、その出身の氏族が受け入れるかどうかの決定も、それぞれの氏族＝邑落が決定することができた。烏丸の父系氏族＝邑落は、種族内部において法的主体としての地位を保持しており、連坐によって族滅されるようなことはない。

三世紀の倭人社会は、親族的結合関係の濃密な社会であったにもかかわらず、宗族は烏丸の邑落にみられるような法的主体としての地位を保持してはいない。このことは倭人社会での法と社会の関係を考えるうえでの重要な問題なのだが、ここでは「族滅」というような処分を決定しそれを施行する主体についてみることにする。「倭人伝」にはその主体が明記されていないのであるが、「大人」以外に求めることは困難である。前述のように、大人と下戸との間には明確な身分的上下関係があり、そのことは日常的な生活のなかでも、各種の儀礼的行動として確認される関係にあった。大人には大きな権威が認められていた。このような大人のあり方からすると、大人に族滅をも含む決定を下す権限が認められ、またその決定を「国」全体としても承認することのできる存在であった、とみることができると思う。この点からすると、倭人社会での大人は、前記したが、高句麗の政治的支配階級である「諸加」がすべての犯罪を「評議」して裁決・執行していたのと、「評議」の有無に問題は残るが類似していた、ということができるだろう。

**倭人社会の安定性と「法」の特殊性**　(4)尊卑おのおの差序あり、相《あ》い臣服するに足る。

この記述は、三世紀の倭人社会が「国」を単位として、政治的支配関係を基礎にした身分的秩序とそれに伴《ともな》う日常生活での各種の慣習的秩序が存在し、かつ維持されていて、それなりに安定した社会体制を保っていたことを述べたものである。

以上のように三世紀の倭人社会と法の関係をみてくると、魏書巻三十に記されている同時代の東アジアの他種族と比較するとき、次のような問題がでてくる。他種族の場合「邑落」と記される社会的集団が「宗族」と記されていることからすると、親族関係の濃厚な集団が存在していることが知られるのであるが、この集団＝宗族には法的主体としての地位が認められておらず、その一方で裁判権のあり方からすると、当時すでに国家形成期にあった高句麗とほぼ同様で、さらに刑罰に関しては他種族に類をみない厳しい内容をもっていた、というのがその主要な内容である。

こうした倭人社会と法の関係を考えるうえで、あらためて大人と下戸の関係に注目したい。この場合、その生業と社会構成に多くの差はあるが、烏丸や鮮卑の大人のあり方には多くの示唆が含まれている。以下、王沈の『魏書』に記されている烏丸・鮮卑に関する記述を手掛りにして述べることにしたい。

**烏丸・鮮卑の大人について**　烏丸の大人は他人の労働を搾取する経済的な支配階級ではなかった。このことは「大人以下、各自、畜牧して産を治め、相い徭役（他人の労働を搾取すること）せず」とあることに明らかである。その意味で大人は経済的な特権を持つものではなかった。大人の資格として重視されているのは「勇健にして能く闘訟を理決」し、他の種族を侵略して勝利する力量をもっていることであり、こうした人物が「諸邑落」に推戴されて大人となる。邑落にも「小帥」がいるが彼も世襲によってその地位を得るものではない。つまり、武勇にすぐれ、紛争を公平に裁決し、他種族との戦闘に勝利する力量を持つもの、当時の遊牧社会の指導者としての個人的資質をもつものがえらばれて大人となるのである。

大人には大きな権限が認められている。大人の言うことに背くものは死刑となり、邑落相互の「血の復讐」の調停を権威をもって行ない、反逆者を捕え、諸邑落が受け入れを拒否すれば砂漠に追放することができた。このような烏丸の大人のあり方は同じように遊牧種族であった鮮卑の場合でも同様で、鮮卑の傑出した大人として有名な檀石槐《だんせきかい》や軻比能《かひの》にその例を見ることができる。大人の地位は前述のような指導者としての優れた個人的資質をもつことによって保障されるものであって、大人の子であってもその資質に欠けるときはその地位を失う。檀石槐の死後、子の和連《われん》が大人となるが「材力、父に及ばず、しかして淫を貪《むさぼ》り、法を断ずること平かならず」のゆえに、檀石槐のときに結集していた鮮卑種族のうちの約半数が和連に叛《そむ》いたとあるのがこのことを示す。軻比能に関して「鈔略《しょうりゃく》するごとに、財物を得れば均平に分付し、目前に一決す。終《つい》に私《わたくし》する所なし。故に衆の死力を得る」とあるのも右のことを示している。

## 烏丸・鮮卑の大人の「のり」と「ことわり」の関係

一～三世紀の烏丸や鮮卑の大人は、戦乱期の遊牧社会でそれぞれの種族を率いる軍事的首長であった。彼らはそのすぐれた個人的資質によって諸邑落から推薦されて大人となり、絶大な権力を掌握する。だがこの権力は「私利私欲」のために行使してはならないものとされ、もしそのような行為があれば、諸邑落が大人の支配から離脱することも正当とされていた。大人は、支配下の諸邑落の要求と期待にこたえ、種族の慣習に対して忠実であることを求められる存在だったのである。このことは、本節の前半で述べた「のり」と「ことわり」との関係からすると、当時の遊牧社会の「ことわり」を大人も共有し、その「ことわり」を人格的に体現するものが大人であった、ということになる。そのような存在であるがゆえに、大人の「言」は「のり」としての権威をもち、それに違反するものは当然のこととして死刑に処せられたわけである。一～三世紀の烏丸や鮮卑の大人は、当時の遊牧社会の「ことわり」を人格的に体現する存在であり、それゆえにその「のり」は絶対的な権威を持っていたのである。

**倭人社会の大人の「のり」と「ことわり」の関係**　以上のことからすると、卑弥呼の時代の倭人社会の大人も、当時の「ことわり」を人格的に体現する存在だったのではないか、という推測にみちびかれる。だが「倭人伝」には烏丸や鮮卑の大人の場合のような「ことわり」と「のり」に関する記述はない。だがその手掛かりはある。前節で述べた「文身」＝いれずみに関する記述がそれである。魏の使節たちが北部九州で実見した当時の文身習俗は、男子全員が行なうものであった。大人も例外でなかったことは「尊卑差あり」とあることから明白である。このことは当時の文身習俗＝「ことわり」から大人も超越しておらず、それに従いながら大人の地位にふさわしい文身を施していたことを物語っている。私はこの文身習俗に象徴されている当時の「ことわり」と大人との関係を重視したいと思っている。大人に委託されている裁判の判定や刑罰の執行も、当時の倭人社会の「ことわり」を基礎にして行なわれ、そのことによって社会全体からの承認と支持が得られる、という関係の存在を示唆しているからである。大人の決定＝「のり」は、三世紀の倭人社会の「ことわり」に制約されており、そうした内容をもつ限りにおいて社会全体に対して権威を持ちえたのである。その点では烏丸の大人と基本的に同様で、倭人社会の大人も「ことわり」を人格的に体現する存在だったのである。

**倭人社会の大人の特殊性**　烏丸と異なっているのは、大人の支配下に一定の法的主体としての地位を認められている邑落が存在しないことである。このことは卑弥呼の時代の倭人社会を考えるうえですこぶる重要な問題であり、次章で「国」をめぐる検討のなかで具体的に述べることにしている。以下では三つの事柄を指摘するにとどめておく。

第一は、広大な草原地帯を遊牧する烏丸とは異なり、水稲耕作を主要な生業とした定住生活を営んでいたことである。新しい耕地の開発、農業用水の調整と管理、他集団との土地の争奪などの関係から、親族的結合を中心とする比較的小規模な集団＝宗族では、集団全体の生産と再生産を安定的に維持できない状況にあった。その結果、いくつかの宗族的集団が政治的に結合して「国」を結成することになる。その場合、宗族的結合はそれ自体としては強固なものであっても、「国」に対して政治的・社会的に自立性を確立しがたい関係に置かれることになる。第二は、前節で述べたように、弥生時代のとくに中期以降、戦乱の時代であったことで、男子全員の行なっていた「文身」もその「国」の戦士としての「しるし」であったということである。こうした戦乱の時代では、「国」を代表しかつそれを率いる大人は軍事的首長として強大な権限をもつことになる。第三は、当時の倭人社会の社会的な分業のあり方にかかわるものである。南部朝鮮を通じてもたらされる鉄をはじめとした各種の先進的な文物や文明は、倭人社会の生産・再生産とその発展に大きな意味を持っていたが、こうした社会的分業の全体としてのシステムは「国」を単位にして組織され、大人はこうした列島的規模での社会的分業の地域的なセンターとしての役割をも担っていた。人びとは商人などの自由な商業活動によって南部朝鮮をはじめとした他地域で生産される鉄その他の生活必需品を入手したのではなく、大人の存在とその機能に依存することによって、はじめて入手することのできる関係におかれていた。

以上のことがらについては次章で具体的に述べる。ここであらためて指摘しておきたいのは、卑弥呼の時代においては、「国」という集団が人びとの各種の生活の基本的単位であり、「国」の政治的支配者としての「大人」が絶大な権威と権力を保持していた、ということである。その限りで、宗族的結合はそれ自体としては強固なものでありながらも、「国」とその「大人」のもとでは法的主体としての自立性を持ちえなかった。このことは倭人社会の「法」を考えるうえですこぶる重要である。そのことは、大人に対して「ことわり」の忠実な実行を内部から強制する力の弱かったこと、いいかえれば、「ことわり」を人格的に体現する大人が自らの「のり」を一方的に肥大化させるうえで有利な条件を持っていたことでもある。だが卑弥呼の時代の大人は、そうした可能性を持ちながらも、「ことわり」に忠実であることによって彼の「のり」の権威が尊重されるという関係を基礎にした存在であり、そうした存在として社会から尊敬される存在であったのである。

## 4　呪術的習俗について

**呪術について**　「倭人伝」には当時の人びとのさまざまな風俗が記されている。前述した「黥面文身」のほか、男女の服装、武器の種類、住居と居住形態、化粧、飲食の作法、墳墓の形態、葬式の儀礼などはその例で、それぞれについては多くの業績が蓄積されており、全体として東南アジア地域に共通点の多い南方系の風俗であったことなどが指摘されている。本節ではこれらの風俗記事のなかで呪術的習俗についてみることにしたい。

呪術とは、日本語の「まじない」と同じ意味をもち、「何らかの目的のために超自然的・神秘的な存在（神、精霊その他）あるいは霊力の助けを借りて、種々の現象をおこさせようとする行為およびそれに関連する信仰・観念の体系である」（『文化人類学事典』一九八七年　弘文堂）。その内容はさまざまなものがあるが、人びとが現在と未来の生活に不安を感じ、しかもよりよい状態の到来を期待するという心情を抱いている場合、こうした呪術はさまざまな形をとって時代を超えて存在するものである。

**黥面文身の呪術的性格**　卑弥呼の時代の倭人たちの精神生活において、右のような呪術は大きな位置を占めていた。黥面文身が潜水漁法を行なう漁民たちの各種の危害を避ける習俗として始まったことは先に述べたが、そのことは黥面文身という身体装飾を施すことによって、各種の危害を避けることができるという呪術的な精神生活が基礎にあってのことであった。その後、文身は二次的に展開して「国」毎に異なる男子の戦士の標識となるが、おそらく彼らにとっての文身は単なる戦士の標識ではなく、戦いの場での危難から身を守る「護符《ごふ》」的な意味や、大林太良の指摘する古層のアジア地域の諸種族の場合の文身がその種族の守護神によって死後の幸福を保障されるための文様であったことと同様の意味をもつものであったと思われる。

**持衰について**　「倭人伝」中の有名な呪術的習俗としては持衰《じさい》がある。持衰は、中国への往来のとき、航海の安全をはかるために一人の男子をもって宛てられる。航海中、髪をとかず、しらみも取らず、衣服も洗濯せず、肉食せず、婦人も近づけず、まるで「喪人」のような状態で、もっぱら航海の安全を祈る。航海が無事に終われば報賞として「生口《せいこう》」や財物を与えられるが、もし航海中に病気にかかるものが出たり、暴風雨などに遭ったりすると、持衰が不謹慎だったからだとして殺されることもある。

右の記事については諸説もあるが、さしあたって二点を注意しておく。第一は、持衰は日常的な沿岸の短距離の航海のときに置かれるものではなく、中国との往来、つまり危険が大きく、また重要な目的をもつ遠距離の大航海のときに置かれることである。第二は、航海中、持衰がどこにいたかということで、もし共に航海しているならば各種の災難に彼も遭っていることになるが、婦人を近づけずという記述などからすると、彼は陸上にいてもっぱらタブーを厳守した生活を行なっていた可能性が強い。大林太良はこの二点に注目して東インドネシアのモルッカ諸島の海洋種族の事例との類似性を指摘し、持衰の習俗が東南アジアの航海文化につらなるものであるとしている。大林の説はおそらく成立するものと思われる。

なお三品彰英は『太平記』に採録されている博多湾の志賀島にある海神社の縁起から、神功皇后の渡海にあたって出現した「磯良神《いそらがみ》」の姿が貝殻や藻が顔や身体にまとわりついて穢いものであったが、その神の守護によって無事航海することができたとの伝承を紹介し、磯良神と持衰の姿とその役割の類似性を指摘している。三品の場合、磯良神の信仰が先にあって、持衰がそれを模したとしているが、おそらくそれは逆で、持衰の習俗が実質的に失われた後に、こうした習俗の記憶を磯良神という形で語ったものであろう。

ともあれ、危険の多いしかも重大な目的をもつ遠距離の航海が行なわれるとき、持衰の厳格な禁律を守った生活によって航海の安全が保障されるという呪術的精神が、卑弥呼の時代の倭人たちのなかに生きていたことは確かな事実だったのである。持衰に報賞として与えられた「生口」については、後述する。

**卜占について**　「倭人伝」に記されている今一つの呪術は「うらない」に関するものである。その内容は次のように記されている。何か事を始めようとしたり、旅に出ようとするときに、骨を焼いてその吉凶を占う。まず何を占おうとするかを告げるが、その言葉は中国で行なわれている亀卜の場合に似ている。吉凶の判断は骨を焼いたことによって生じた「ひび割れ」の状態によって行なう、と。『古事記』の天岩戸《あめのいわと》段に天児屋命《あめのこやねのみこと》と布刀玉命《ふとだまのみこと》が天香山《あめのかぐやま》の男鹿の肩胛骨と朱桜（うわみずざくら、落葉性の高木）を取って占いの準備をしたとの記事や、弥生時代中期以降の遺跡から骨を焼いて卜ったことの明らかな遺物も出土しており、灼骨による占いが日本古代に行なわれていたことには多くの例証がある。
この獣骨を焼いてその亀裂で占うという卜占の方法については、それが北方アジアからヨーロッパ・中央アジアさらに北アメリカの地域にも行なわれていることから、弥生文化の系統論との関係でさまざまに論じられてきた。とくに古代中国で一般的に行なわれていた亀甲を利用したものでないこと、蒙古・ツングース系の鹿卜であることから、全体として南方系風俗の卓越する「倭人伝」の記述のなかで、北方アジア系の数少ない風俗として重視されてきた。しかし金関丈夫が指摘するように、中国でも殷《いん》以前の竜山文化の段階で、牛などの骨を使った獣骨による卜占が行なわれており、この獣骨による卜占の風俗が朝鮮半島をへて、弥生文化の一つとして日本に伝えられた可能性も認められる。日本の場合鹿の肩胛骨の利用例が多いことから、北方アジアの狩猟種族からもたらされた可能性も否定できず、現在のところ、こうした卜骨の風俗がどの地域から伝えられたのかは、大林太良の指摘するように最終的な結論を保留しておくのが妥当であろう。この場合、現在までのところ報告された事例はないが、全体として弥生時代以上に呪術的文化の盛んであった縄文時代に、卜骨の風俗がなかったのかどうかをあらためて検証してみる必要があると思われる。そのことは卜骨をめぐる弥生文化の系統論にとって大きな意味をもっているからである。

**呪術の可視性**　以上のような黥面文身や持衰や卜占などの呪術を見ると、その呪術のあり方がすこぶる可視的で人びとが見聞によって確かめることのできる顕在性を持っていたということができる。

「倭人伝」には記されていないが、多くの人びとによってその存在が推定されている銅鐸祭祀《どうたくさいし》も、具体的な銅鐸というモノを中心とした可視的な内容をもっていた。さらに「倭人伝」には記されていないが、線刻土器にみられる鳥の羽根を冠った司祭者の存在も、彼自身がそうした特殊な服飾によって自らの存在を可視的な形で表現しているといえる。当時の呪術は何らかの形で可視的な顕在性を示すことを通例としていたわけである。

**卑弥呼の鬼道の特質**　このような可視的な顕在性と異質なのは卑弥呼の場合である。卑弥呼が神の声を伝えるシャーマンであり、その鬼道と称されるものがそれまでの倭人社会になかった新しい呪術（宗教）であったことは、おそらく確かであろう。その内容が中国の道教と密接な関係を持っていたことは充分に認められる。この点については後述する。だが彼女の権威を裏付けていたのは、彼女が王となってからは人前に姿を見せず、宮殿の奥深くにあって多数の婢（巫女《みこ》か）にかしずかれ、飲食をも給仕する一人の男性を介して社会とつながるだけで、大林太良の指摘するように「見えない神聖王」である、というところにある。彼女自身の行なっている鬼道的呪術は、支配層はもとより倭人社会の人びとにとってまったく可視性を持たないものであった。卑弥呼の権威は、道教的な要素をとり入れた新しい宗教者としての側面をもちながらも、彼女のみが神の声を聞くことができるというシャーマニズムの呪術性を基礎にしている。その限りで三世紀の倭人社会の呪術的な精神生活と共通の土壌のうえに成立しているが、可視性を持たない点で当時の呪術一般とは異なっている。もとより卑弥呼の居住の場は「宮室・楼観・城柵、厳《おごそ》かに設け、常に人あり、兵《つわもの》（武器のこと）を持して守衛す」と記されるように、その権威は可視的に表現されている。だが、彼女自身の宗教者としての日常生活は、一般の呪術師とは異なって非可視的であることによって、権威づけられていたのである。

このことは次章以下の内容ともかかわるのであるが、当時の諸「国」間の対立や矛盾を克服して倭人社会を新たな秩序のもとに再編成してゆくためには、彼女にそれまでの呪術や政治的権威とは異なる新しい内容が求められていたことと関係する。非可視的な場で鬼道を行なう「見えない神聖王」であることによって、卑弥呼は、当時の呪術一般はもとより、各種の慣習的秩序を超越した権威の保持者としての地位を獲得する。その権威を基礎にして倭人社会の新しい政治的統合が図られたのである。卑弥呼の鬼道については、その道教的な宗教としての新しさとともに、当時の呪術一般との関係のなかでの同質性とともに異質性を見出しておくことは、彼女の王権の歴史的性格を解明するうえで、すくなからぬ意味を持つものと思われるのである。

# 第三章　「国」の構成と景観

## 1　『三国志』魏書巻三十における「国」の用法―陳寿の「国」概念―

**国＝クニの語義**　「国」という漢字は多面的な字義をもっている。国の本字は「國」であるが、この文字は「囗」と「或」の合字である。「或」は、口（人）と一（土地）と戈（武器）の合字で、それがさらに囗（四方の境界）と合字されている。字義からすると一定の領域内の人と土地を武器をもって守るということになるが、中国でも時代によってその内容は必ずしも同じではない。諸橋轍次の『大漢和辞典』は、国について①小国を意味し大国をさす邦に対する語、②諸侯の国、③都邑・みやこ、④城中、⑤郊の内、⑥故郷、⑦地方、の七つの語義を挙げている。国に対する日本語の「クニ」も同様で、『広辞苑』には①大地、②国土・国家、③帝位、④行政区画、⑤任国、⑥国府またはその役人、⑦地方・いなか、⑧故郷・郷里の八種の意味を挙げている。国＝クニはその言葉のなかに多様な意味が含まれているのである。「倭人伝」に記されている「国」をどのような内容をもつ社会的集団として理解するかということは、陳寿がどのような集団を指して「国」と呼んでいたかを確かめたうえでのことでなければならない。今日の私たちの常識から「国」と記されているものは「国家」であるというような先入観をまず離れる必要がある。

こうした問題を考えてゆく第一の作業は、『三国志』の著者である陳寿が中国以外の諸種族の社会的結合をあらわす場合、「国」という用語にどのような内容を含意させていたかを確かめることである。「倭人伝」を含む「魏書」巻三十には、烏丸《うがん》・鮮卑《せんぴ》・夫余《ふよ》・高句麗《こうくり》・沃沮《よくそ》・挹婁《ゆうろう》・濊《わい》・韓《かん》・倭《わ》の九種族についての記述があるが、「国」の用法については三種に分類することができる。

**「国」の用語のみられない種族**　第一は、「国」の用語がまったくないか、またはそれに近いものである。

烏丸・鮮卑の遊牧種族の場合、有力な大人の出現やその死によって、種族内の政治的結合は流動的に変化しているのであるが、陳寿はこの二種族について「国」という用語で彼らの政治的結合体を記すことはない。沃沮・挹婁・濊のように、邑落または小部族が割拠していて安定的な政治的結合体が成立せず、周辺の夫余・高句麗さらには中国などの外部勢力によって支配されることの多かった種族についても、それぞれの政治的結合体を「国」と記すことはない。ただしその種族の全体を漠然と総称する場合に、沃沮や挹婁に関して「国」と記すこともある。沃沮に関して「国、小にして大国に迫られるの間、遂に句麗（高句麗のこと）に臣属す」とあるものや、挹婁に関して「古の粛慎《しゆくしん》の国なり」とあるのがその例である。だがこの「国」の用語には政治的結合体としての意味は含まれていない。

また沃沮に関しては、中国の郡県制支配に組み込まれた時期の首長の支配領域を「侯国」「県国」などと表現する例もみられるが、このことは、中国で漢代以来、諸侯にその支配が認められた領域を「国」と称したことが援用されたもので、沃沮社会の内部に「倭人伝」にみられるような固有名詞をもつ「国」が存在したことを意味するものではない。

**一種族が「国」と記されるもの**　第二は、一つの種族が「国」と記されるもので、夫余と高句麗がその例となる。

夫余では「国」に「君王」があり、官僚としては馬加《ばか》・牛加《ぎゅうか》・豬加《ちょか》・狗加《くか》・大使《だいし》・大使者・使者の七種があり、邑落に「豪民」と称せられる経済的な支配階級がおり、政治的な支配階級としては「諸加」と称せられる階層も存在した。高句麗にも世襲的な王が存在し、有力な五部族のうちの涓奴部《けんぬぶ》から出るのが通例であったが、同部が衰えたため桂婁部《けいろぶ》から王が出ることになっていた。官僚としては対盧《たいろ》・沛者《はいしゃ》・古雛加《こすうか》・主簿《しゅぼ》・優台丞《ゆうだいじょう》・使者・皁衣先人《そういせんじん》の種類があり、経済的支配階級として「大家」がおり、政治的支配階級としては、さきの五部族を中心とした「諸加」と称される階層も存在した。

両種族の場合、世襲的な王が存在し、王のもとに一定の官僚的組織も形成され、政治的支配階級として「諸加」も存在し、政治的支配体制もそれなりに形成されていた。さらに周辺に存在する沃沮や挹婁に対する政治的支配も行なっていた。両種族の場合は、種族的な規模で一定の領域に対する自立的で恒常的な政治的結合体を成立させているわけで、このような政治的結合体を「国」と表現しているわけである。

**一種族内に固有名詞をもつ「国」が多数存在するもの**　第三は種族内部に固有名詞をもつ小国が多数存在し、そのいくつかの小国は王に統属するが、その一方で王に統属しない小国や王に敵対する小国も存在するというもので、韓と倭がこれにあたる。倭に関しては後述する。韓の場合、馬韓に五十数国、弁辰に二十四国があり、韓族の王である辰王は馬韓全体と弁辰十二国の王であるが、辰王に統属しない弁辰十二国にはそれぞれに王がいると記述されている。なお、倭の場合、それぞれの固有名詞をもつ小「国」のほかに、倭人社会の全体ないしは卑弥呼の支配領域全体を「倭国」と称することもあるのだが、韓に関しては「韓国」の用語がなく、辰王がどのような意味で韓族の王なのかが明らかでないところもある。ともあれ倭と韓に関しては、固有名詞をもつ小「国」の存在を陳寿が認めていたのである。

**陳寿の「国」概念**　大別して三種に分類できる陳寿の「国」の用法から、彼がどのような内容をもつ政治的結合体を「国」と記したのかは、おのずから明らかである。陳寿は、その規模が種族全体であると種族内の小規模なものであるとを問わず、「一定の領域を自立的かつ恒常的に支配する政治的結合体」を「国」として記述している。このような「国」を今日のわれわれが社会科学的に認識する「国家」と同一視することはできない。高句麗のように、種族全体を統合し、世襲王権のもとで一定の官僚機構をもち、政治的支配身分や経済的階級関係も存在し、沃沮などの他種族を支配する「国」

は、まさに形成期の「国家」として理解することができる。だが韓や倭のような固有名詞をもつ小「国」をこれと同一視することはできない。「倭人伝」の記述にみられる「国」の歴史的性格は、それ自体の内容に即して理解しなければならない。

## 2 「倭人伝」の「国」について

**「倭国」とは** 「倭人伝」には大別して三種の「国」の用法がみられる。第一は「倭国」とあるものである。伊都《いと》国に常駐して外交に関する業務をつかさどった。「一大率《いちだいそつ》」に関する記述のなかに「(帯方)郡の倭国に使するや」とある部分、卑弥呼が王として共立されるにいたった過程を述べた部分に「倭国乱れ相い攻伐すること歴年」とあるのがその例となる。この「倭国」には魏からみて倭人の住む地域およびその社会を漠然と総称する意味も含まれているが、卑弥呼に統属する諸国を中心とした政治的結合体を指すとみてよいと思う。魏王朝では、そうした政治的結合体の存在を認めて卑弥呼を「親魏倭王」に任じたわけである。

問題は、中国の側でいつごろから倭人社会に「倭国」の存在を認めていたのか、ということである。『漢書』地理志に倭人社会に関する初めての記述があるが、そこでは「楽浪海中に倭人あり、分れて百余国となり、歳時をもって来り、献見すという」とあって、百余国に分かれているとの記述はあっても、それらの国が「倭国」を構成していたとの記述はなく、ただ「倭人」と総称されているだけである。五世紀中葉に范曄《はんよう》によって書かれた『後漢書』では「建武中元二年（紀元後五七）、倭奴国、貢《みつぎ》を奉りて朝賀す、使人みずから大夫と称す、倭国の極南界なり、光武、賜うに印綬をもってす」とある。この光武帝から賜授された「印」が、江戸時代に現在の福岡県の志賀島《しがじま》から出土した「漢委奴国王」と印刻された金印であることは、すでによく知られている。この文言中の「倭国」はすでに『三国志』の「倭人伝」を知り、さらに「倭の五王」が宋に朝貢していたことを知る范曄が「奴国」の位置についての解説として記したものとみるべきで、五七年の段階で「倭国」がすでに存在していたことを示すものではない。とくに金印が「漢委（倭）奴国王」とあって「倭国王」でないこともこうした関係を物語っている。

中国史書のなかでの「倭国」の初見は、『後漢書』の「安帝、永初元年（一〇七）倭国王帥升等、生口百六十人を献じ、請見を願う」とあるものである。この記述に関しては、北宋版『通典《つてん》』に「倭面土国王師升等」とあることや、『翰苑《かんえん》』に「倭面上国王師升」と記されていることなどから、各種の議論もある。だが最近、西嶋定生が『邪馬台国と倭国』（一九九四年　吉川弘文館）などで克明に追究しているように、『通典』『翰苑』などの記述には問題があり、『後漢書』の「倭国王」の記述を認めることが妥当である。つまり「倭国」の誕生は二世紀初頭のことなのである。この時期の「倭国王」の本拠や、倭国王の誕生とその後の歴史過程と卑弥呼の登場などについてはあらためて取り上げる。ここでは、二世紀初頭の時期に「倭国」が成立していたこと、卑弥呼の王権がこうした「倭国王」の存在を歴史的な前提としたものであったことを確認しておくにとどめたい。

**女王国について**　第二は「女王国」という用法である。「倭人伝」中に「女王国」の文言は全部で四箇所ある。伊都国の記述中に「世々、王あり、みな女王国に統属す」とあるもの、邪馬台国の位置と官と戸数を述べたあとに「女王国より以北、その戸数・道里は略載することを得べきも、その余の旁国《ぼうこく》は遠絶にして詳かにすることを得べからず」とあるもの、国名・行程記事の末尾に「(帯方) 郡より女王国に至る万二千余里」とあるもの、卑弥呼の統治形態を述べたあと「女王国の東、海を渡ること千余里、また国あり、皆倭種なり」とあるのがそれである。

この女王国について、牧健二は、卑弥呼に統属する二十九国のうちの北九州六国と投馬国を除く二十二国を指すとの説を述べているが、すでに井上光貞の批判するように、その用法からそのように考える必要はない。卑弥呼が出身しまたその本拠であったことから、邪馬台国を女王国と別称したにとどまり、特別の意味はないとみるべきである。

**固有名詞をもつ「国」**　第三は、固有名詞をもつ「国」である。「倭人伝」はこうした国を三十三あげている。そのうち「奴国」が二回記されており、重出とみると三十二国になるが、本書では重出説をとらず三十三国とみておく。三十三国中、卑弥呼に統属するのは二十九国で、卑弥呼に敵対する国として狗奴《くな》国があり、卑弥呼との関係のあきらかでない国として侏儒国・裸国・黒歯国が記されている。最後の三国はその国名が「こびとの国」「はだかの国」「歯の黒い国」とあり、「倭人伝」のなかでもっとも信憑性の薄い記述である。それにしても陳寿が「親魏倭王」として「倭国」を統括する卑弥呼の存在を認めたうえで、同時に固有名詞をもつ「国」の存在をも認めていたことは注意を要する。この固有名詞をもつ「国」は、陳寿の理解するところでは「一定の領域を自立的かつ恒常的に支配する政治的結合体」であったわけである。卑弥呼の王権はこうした「国」の存在を前提とするものであった。この固有名詞をもつ「国」がどのような内容をもつ政治的単位であったのかを明らかにすることは、卑弥呼の時代とその王権の内容を理解するうえですこぶる重要な意味をもっている。前章では、習俗や法関係記事を中心に「国」の内容について検討した。その要旨をまとめると次の通りである。

**「倭人伝」からみた「国」**　この時期の「国」の内容を考えるうえで重要なのは「文身」のあり方である。黥面文身はもともとは潜水漁法を行なう漁民たちの海中での危害を避ける呪的文様として始まったが、この時期では二次的に展開して、男子全員が「国」毎に異なりしかも「国」内部では身分の尊卑をも表わすという内容をもった、「国」単位の強制的習俗になっていた。このような男子全員に強制された文身習俗は、当時の倭人社会が軍事的緊張のきびしい「国」単位の戦乱の時代であったことから、「国」の戦士または戦士となるべきものの標識として行なわれたものであった。こうした「国」の各種の秩序を規制しかつ「国」を支配するものが「大人」であった。「大人」は下戸とは明確に区別された政治的支配者で、両者の間には日常的にも遵守すべき儀礼的行為があり、大人は四ないし五人の妻を持つことが当然とされていた。また犯罪が犯された場合、軽罪でも本人を殺して妻子を奴婢とし、重罪ならば「門戸」「宗族」を族滅するという厳しい処罰が行なわれたが、こうした裁決や刑の執行の権限は「大人」に委ねられていた。このような「大人」の強力な権限と権威も、当時の倭人社会が「国」相互にきびしい対立下にあって、「大人」に軍事的首長としての性格が求められていたことによる。

以上のこととともに注意しなければならないのは、さきの黥面文身の記事に「尊卑差あり」と記されていることで、この点からすると「大人」もそれにふさわしい文様の文身をしていたことになる。このことは「大人」自身が当時の「国」内部で行なわれている習俗＝慣習法の世界から離脱していなかったことを示している。つまり、大人は自らの恣意によって各種の権限を行使するのではなく、彼自身も当時の「国」内の人びとと価値観を共有し、そうした価値観にもとづく各種の秩序や正統性を人格的に体現する存在だったのである。そのことを離れて「大人」自身の権力も権威も存在しないというのが、卑弥呼の時代の「国」の支配者としての「大人」のあり方なのであった。

**「国」の戸数について**　「倭人伝」は固有名詞をもつ「国」のいくつかについて、その戸（家）数と「官」を記している。「官」については第五章で述べる。戸数に関してどの程度の信憑性を認めうるかは、もとより問題である。ここで注意したいことは、対馬《つしま》・不弥《ふみ》国の千余戸（家）を最少とし、邪馬台国を七万余戸と記しているように、「国」の規模についてはバラエティーがあり、均等な内容をもつものとはしていないことである。

対馬国　千余戸　卑狗《ひく(こ)》（大官）　卑奴母離《ひな(ぬ)もり》（副）
一支国　三千余家　卑狗（官）　卑奴母離（副）
末盧国　四千余戸
伊都国　千（万ヵ）余戸　爾支《にき》（官）　泄謨觚《せまこ》・柄渠觚《へくこ》（副）
奴国　二万余戸　兕馬觚《しまこ》（官）　卑奴母離（副）
不弥国　千余家　多模《たも》（官）　卑奴母離（副）
投馬国　五万余戸　弥弥《みみ》（官）　弥弥那利《みみなり》（副）
邪馬台国　七万余戸　伊支馬《いきま》（官）　弥馬升《みまし》（次）　弥馬獲支《みまわき(け)》（次）　奴佳鞮《ぬかて》（次）
狗奴国　狗古知卑狗《くこちひく(こ)》（官）

このことは、それぞれの「国」が歴史的・社会的・政治的条件をもちながら成立し存在したことを示唆している。この点で『漢書』地理志が「百余国」からなるとし、『後漢書』倭伝が「三十許《ばかり》国」とし、「倭人伝」が「使訳通ずるところ三十国」と記していることにはそれなりの意味がある。「国」相互の対立抗争を通じて弱小国の合併・吸収が行なわれたことを物語っているからである。なお『後漢書』の場合「倭人伝」によってその数値を記した可能性もあるが、後漢王朝と倭国との通交に独自の史料をもっていたことは確かなので、右のように理解しておく。

ところで、右の戸数記事は、東夷伝中の他の種族に比較すると非常に多い。戸数の記されている八ヵ国だけでも約十五万戸ほどになる。夫余の場合は「戸八万」、高句麗は「戸三万」、東沃沮は「戸五千」、濊は「戸二万」、韓は大小の「国」からなるが総数を「十余万戸」と記している。果たして右の数値がどの程度の信憑性をもっているのかは不明だが、すくなくとも魏王朝や陳寿が「倭国」を東夷中の大国とみていたことはたしかである。

問題は、卑弥呼の時代にそれぞれの歴史過程を経て成立している固有名詞をもつ「国」の内容をその景観をも含めてより具体的に理解する必要があるということである。こうした問題について「倭人伝」にはおのずから限界がある。この点で目覚しい発展を遂げつつある考古学の成果は重要な意味を持っている。以下では私の理解しえた限りでその成果を要約し、「国」の構成とそれぞれの歴史的性格について考えることにしたい。

## 3　「国」の構成と景観

**集落の景観と構成**　弥生時代の集落は、地域によって若干の差異もあるが、一般的には環濠集落として形成された。この環濠が集落を外敵から防護する軍事的施設であったことについては、前章で述べた。ところで弥生時代の集落は、均等な規模をもつ個別分散的な集落としては形成されなかった。

中小河川の沖積平野を中心とする地域に拠点的大集落が営まれ、その周囲にいくつかの分枝的集落が配置されるという形態をもっていた。こうした集落形態の形成が、水稲耕作の適地を求めて住みついた人びとの最初の居住地が拠点的集落としてその地域の開発の中心となり、その後の人口増大にともなって周辺地域の開発がすすめられ、分枝的集落を生み出したことによってもたらされたものであることは、まず間違いないところであろう。各集落のうち幾重もの環濠をめぐらすのが拠点的集落であることや、集落規模が卓越していることからみて、拠点的集落を中心とした地域的結合体の形成されていたことは、たしかな事実といえるだろう。都出比呂志は、このような地域的結合体がその後の古墳時代にも引き続き存続し、畿内の場合、その地域の首長的古墳を連続的に造営する単位となっていることを指摘している。

**「郡的規模」の地域的結合体―畿内の場合―**　ところで右のような拠点的集落を中心とした地域的結合体は、弥生時代中期（紀元前二世紀ごろから紀元後一世紀ごろ）において、自立的な地域社会の単位ではなかった。畿内の場合、約五キロメートルほどの間隔をおいてほぼ同規模の地域的結合体が併存する傾向を示しているのだが、それらの間には、都出比呂志によると、次のような関係が存在した。それぞれの地域の土器は女性によって成形されるのだが、婚出後も女性が土器を成形していることから、土器の「地域色」には当時の「通婚圏」が示されることになる。畿内の場合、土器の「地域色」によって示される「通婚圏」は、八世紀の律令制国家の行政単位である「郡」または数郡程度のひろ

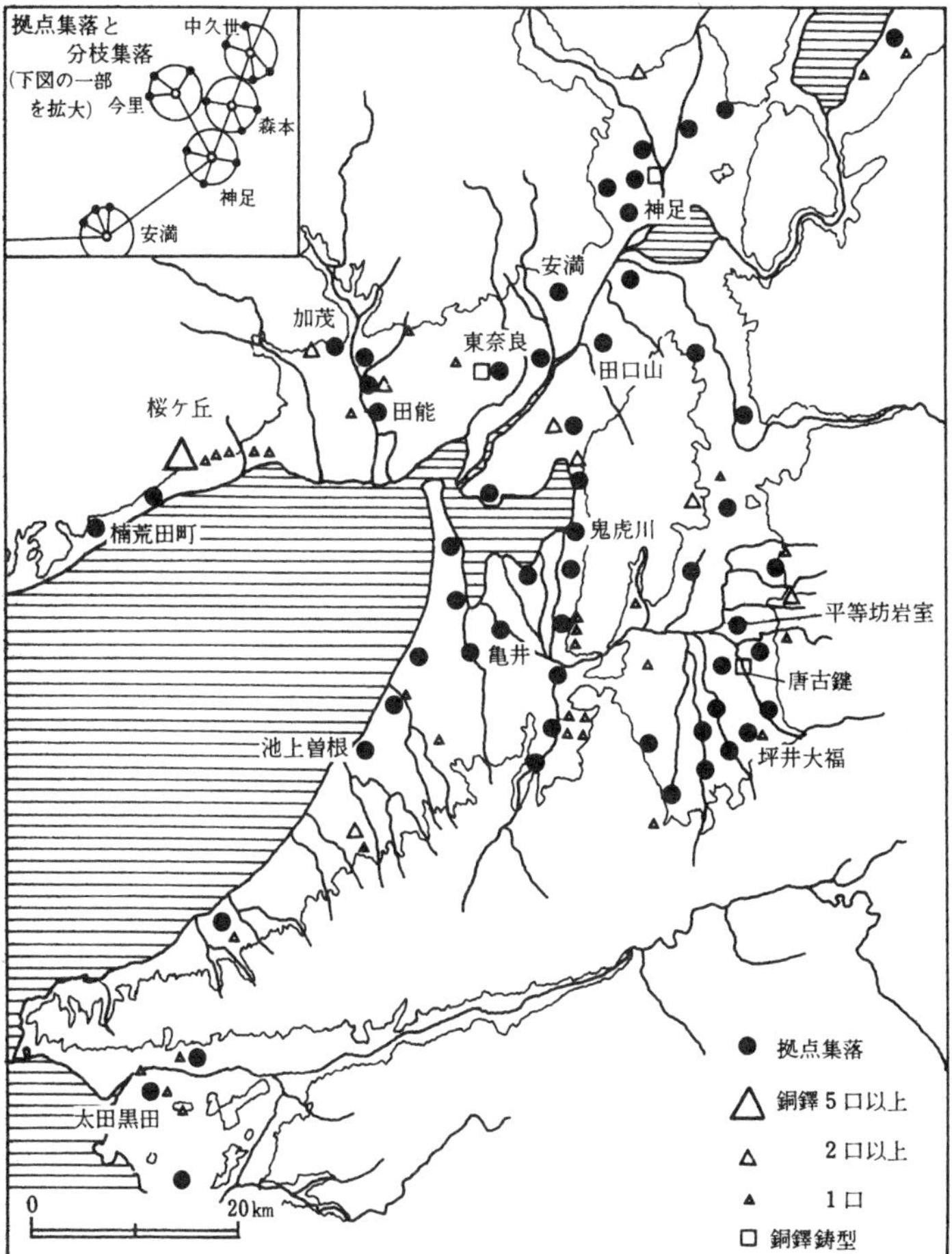


**近畿の集落間構造**（松木武彦「弥生時代の戦争と日本列島社会の発展過程」第41回考古学研究会総会発表レジメより）

がりをもつ。都出は、このような「通婚圏」を「郡的規模」の結合体とし、この結合体は後の古墳時代にもひきつがれ、いくつかの首長的古墳を営む集団的結合のなかから、それぞれの時期の「盟主的古墳」を生み出す政治的・社会的な単位となるとし、この郡的規模の結合体が、弥生時代の中期以降の地域社会の基本的な単位である、としている。土器の地域色から当時の通婚圏を想定し、それが弥生時代のみならず古墳時代にも引きつがれる地域社会の基本単位であったとする都出説は、充分に支持することができる。

**福岡平野の「郡的規模」の結合体**　北部九州地域は弥生時代の先進地帯であるが、畿内とは若干、様相を異にしている。以下、高倉洋彰の研究によりながら理解するところを述べることにする。北部九州が畿内と様相を異にしているのは、すでに弥生時代前期末から中期の時期に、各地域に拠点的集落とは区別される巨大集落が出現し、そこにすこぶる多様で質の高い副葬品をもつ墳墓が営まれていることである。高倉によれば、福岡平野には約十五の拠点的集落の存在を推定しうるが、中期以降の段階では須玖《すぐ》・岡本《おかもと》遺跡が卓越した内容を持っていた。青銅器では銅矛《ほこ》・銅剣・銅戈《か》・銅鏡・銅釧《くしろ》などの生産が活発に行なわれ、このほかガラス器や鉄器の製作も行なわれ、当時の「工業団地」の様相を示す。この地で生産された銅矛は南は熊本、東は大分から四国・瀬戸内地方、北は対馬から朝鮮半島南部にも分布し、有名な島根県荒神谷《こうじんだに》遺跡からも出土している。また須玖《すぐ》・岡本《おかもと》D地点甕棺《かめかん》墓からは、大形を含む前漢鏡三十面前後、青銅製の剣・矛・戈十口前後、ガラス璧《へき》、ガラス勾玉《まがたま》・管玉《くだだま》など

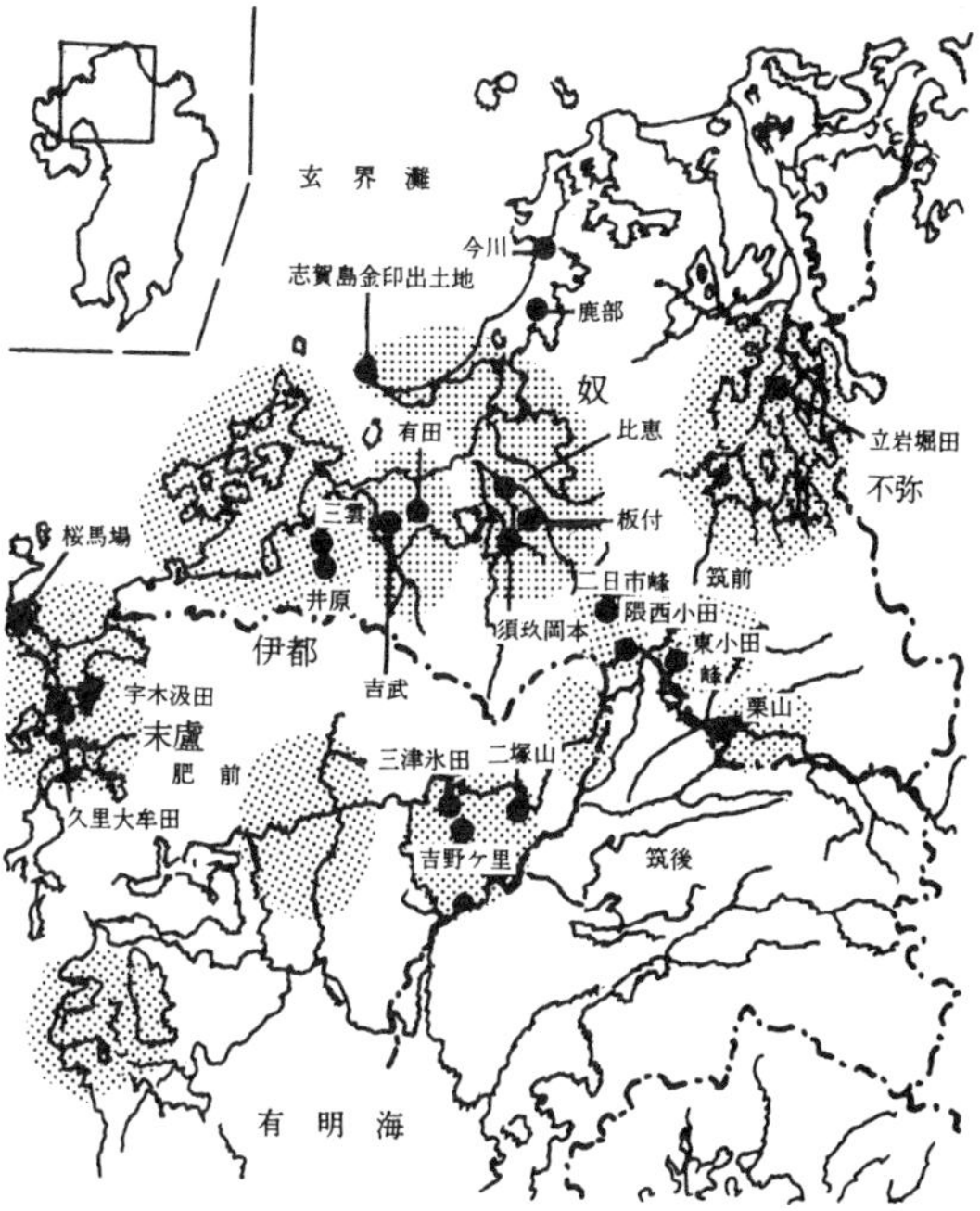


**北部九州の弥生時代のクニ・グニ**（高倉洋彰「弥生時代における国・王とその構造」『九州文化史研究所紀要』37号より）

が出土しており、この遺跡を中心とした地域を支配した有力首長の墳墓であったことを物語っている。この福岡平野を中心とした地域は「奴国」の領域とされており、右の甕棺墓の被葬者は、奴国の王であった可能性がつよい。

**糸島平野の場合**　福岡平野の場合と同様に、早良《さわら》平野では吉《よし》武《たけ》遺跡、糸島《いとしま》平野では三雲《みくも》・井《い》原《はら》遺跡がそれぞれの平野内部での他の拠点集落とは隔絶した巨大集落としての様相を示す。とくに糸島平野の三雲・井原遺跡からはきわめて豊富な副葬品を

| 地点 | 遺跡名 | 主な遺構と遺跡の性格 | 主な出土遺物 | 時期 |
|---|---|---|---|---|
| 1 | 須玖・岡本 | 首長層の墳墓群 | 王墓を中心とした墳墓群から舶載鏡、銅剣、銅矛、銅戈、ガラス璧・勾玉・管玉など多量の副葬品が出土 | 中～後期 |
| 2 | 黒田 | 掘立柱建物跡、溝（青銅器工房跡？） | 青銅器鋳型、中子など青銅器生産に関係した多数の遺物が出土 | 後期 |
| 3 | 須玖唐梨 | 掘立柱建物跡、墳墓群 | 青銅器鋳型、中子が出土 | 後期 |
| 4 | 須玖永田 | 掘立柱建物跡、溝（青銅器工房跡） | 青銅器鋳型、中子、銅滓、取瓶など多数の青銅器生産に関係した遺物が出土 | 後期 |
| 5 | 須玖五反田 | 竪穴式住居跡、掘立柱建物跡（ガラス工房跡） | ガラス勾玉鋳型、勾玉の未製品、坩堝、砥石などガラス工房跡を示す多数の遺物が出土 | 後期 |
| 6 | 須玖永田B地点 | 墳墓群、掘立柱建物跡 | 青銅器鋳型が出土 | 中～後期 |
| 7 | 須玖坂本2次 | 溝、掘立柱建物跡 | 青銅器鋳型、貨泉が出土 | 中～後期 |
| 8 | 須玖坂本1・3次 | 掘立柱建物跡、溝（青銅器工房跡） | 青銅器鋳型、中子、銅滓、取瓶など多数の青銅器生産に関係した遺物が出土 | 中～後期 |
| 9 | 須玖・岡本5次 | 竪穴式住居跡（青銅器工房跡？） | 青銅器鋳型、中子が多数出土 | 中～後期 |
| 10 | バンジャク | 竪穴式住居跡 | 青銅器鋳型が出土 | 中期 |
| 11 | 岡本 | 墳墓群 | 完全な形の小銅鐸の鋳型が出土 | 中～後期 |
| 12 | 須玖五反田2次 | 掘立柱建物、溝 | ガラス勾玉鋳型が出土 | 後期 |

**須玖・岡本遺跡と周辺の工房址群**（武末純一「環濠集落から居館へ」『古代の豪族』泉南市より）

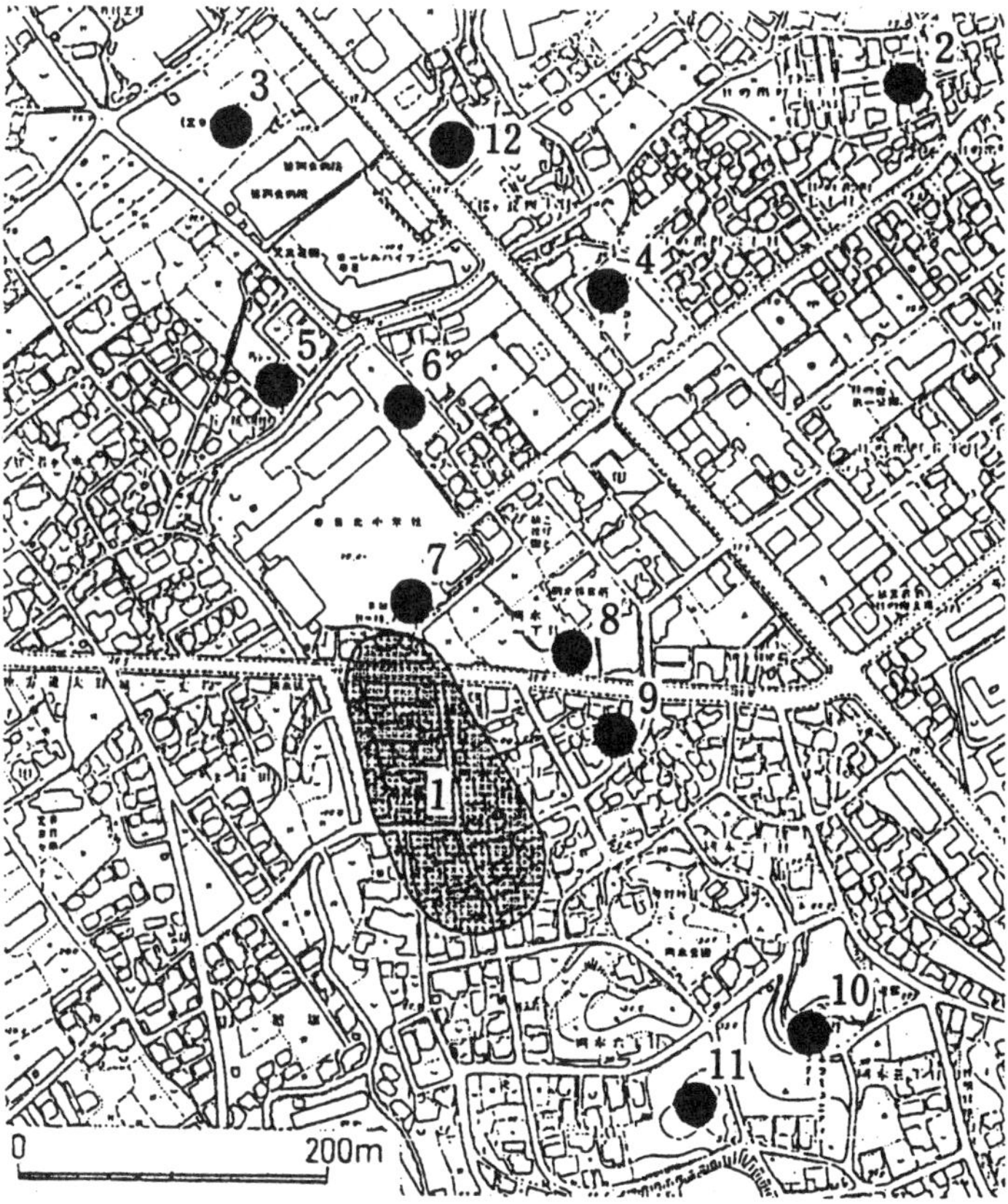
1
2
3
4
5
6
7
8
9
10
11
12
0
200m

もつ墳墓が検出されている。紀元前一世紀後半と推定されている三雲南小路一号墓からは、前漢鏡三十五面・ガラス璧《へき》八個・金銅《こんどう》四葉座《しようざ》飾金具《かざりかなぐ》八個、銅剣・銅矛・銅戈四口、ガラス勾玉三個・ガラス管玉六十個以上の副葬品が検出されている。二号墓からは前漢鏡二十二面・ヒスイ勾玉一個・ガラス勾玉十二個・ガラス垂飾一個が出土し、一世紀中頃と推定される井原鑓溝《やりみぞ》墓からは後漢の方格規矩《ほうかくきく》鏡二十一面と鉄製の刀剣類と巴形銅器《ともえがたどうき》三個が出土している。これらはいずれも甕棺に葬られたものである。糸島平野の弥生時代最後の厚葬墓としては、三世紀初頭ないし前半期の方形《ほうけい》周溝墓《しゅうこうぼ》に割竹形《わりだけがた》木棺に葬られた平原《ひらばる》墓がある。三十九面の後漢の方格規矩鏡等と仿製《ほうせい》の内行花文鏡《ないこうかもんきょう》四面、素環頭《そかんとう》鉄刀一個その他が出土する。この三雲・井原遺跡は伊都国の中心とされ、四つの厚葬墓は伊都国の歴代の王墓に比定されている。

**吉野ケ里遺跡の場合**　北部九州の場合、畿内とは異なって、それぞれの水系をもつ平野部に一般の拠点集落とは明確な差をもつ巨大集落が形成され、そこにすこぶる豊富な副葬品をもつ墳墓が営まれた。その平野部一帯を支配する階層が出現していたのである。こうした関係は、二千三百五十基余りの弥生時代の墳墓が調査された佐賀県吉野ケ里《よしのがり》遺跡にもみられる。同遺跡には十カ所ほどの墓地があるが、副葬品をもつ墳墓は環濠集落の北端に営まれた墳丘墓のみで認められている。この墳丘墓は南北約四〇メートル、東西約三〇メートル、高さ約二・五メートル（四メートル以上に復元できる）の規模をもつ弥生中期前半から中頃のもので、卑弥呼の時代より約百年以前のものである。楕円形状の墳

**吉野ケ里遺跡の概要**（『古代を考える56　初期王権成立過程の検討』古代を考える会より）

丘から八基の甕棺墓が検出されているが、この甕棺墓は墳丘という形で墓域を他から区別したもので、これらに限って甕棺に黒色顔料が塗布され、調査された六基中五基からは銅剣・ガラス製管玉・青銅製把頭飾をもつ剣などの副葬品が検出されている。同時期の約四百基の甕棺からはまったく副葬品は検出されていない。吉野ケ里遺跡の場合、墳丘に墓域をもち、特別に厚葬される階層が存在し、彼らが巨大集落の支配層を形成したことを示しているわけである。

**北部九州の「郡的規模」の地域的結合体**　ところで右のような巨大集落を中心とした地域的結合体の地域的な範囲について、高倉は興味深い指摘を行なっている。中期前半期に吉武遺跡を中心として形成された早良平野の地域的結合体は、十〜十二程度の拠点集落を含み、後世の筑前国早良郡の郡域とほぼ同様で、早良郡として構成される地域的まとまりの原像を弥生時代に求めることができ、そのまとまりを「国」（高倉はクニとする）とすることができる、と。さらに福岡平野の須玖・岡本遺跡を中心としたまとまりは、筑前国那珂郡とさらにその周辺の諸郡を含み約十五ほどの拠点集落を含む。糸島平野の三雲・井原遺跡を中心としたまとまりは、後世の筑前国怡土《いと》郡を中心にした推定約十の拠点集落からなる。肥前国松浦郡の島嶼部を除く唐津市を中心とした松浦川・半田川の流域には、桜《さくらの》馬場《ばば》・宇木《うき》汲田《くんでん》など六カ所の拠点集落からなるまとまりを想定することができる。

つまり後世の郡または数郡程度が弥生中期以降に形成された「国」の領域であったわけで、この点では、畿内の場合とその規模においてほぼ同様であったわけである。ただし北部九州の場合、水稲耕作の先進地帯であり、人口増加も著しいものがあり、可耕地の確保と拡大をめぐっては、きびしい対立と争いが繰り返された。この点についてはあらためてとりあげる。ここで指摘しておきたいのは、弥生中期に郡的規模で成立した地域的統一体のうちで、その後の北部九州のきびしい対立のもとで、地域的統一体としての自立性を失って、他の地域的統一体に包摂されるものもあった、ということである。早良平野の場合がその例となる。

**早良平野の首長勢力の消長**　弥生中期前半では吉武遺跡が同平野の諸遺跡に卓越していたのだが、中期後半になると同遺跡のほか東入部遺跡・丸尾台遺跡を本拠とする有力首長層が台頭して、同平野での有力首長層の分散傾向が目立つようになる。このことは、吉武遺跡を中心とした支配層の影響力の低下を物語るもので、弥生後期の支配層の分散化、他の地域的統一体への吸収の契機となる。早良平野が北部九州の他の地域に比べても遜色のない展開を示しているにもかかわらず、「倭人伝」にこの地の「国」の存在を記さないのは、こうした状況を伝えたものであろう。おそらくこの地域は、東接する須玖・岡本遺跡を中心に福岡平野を領域とした地域的統一体である「奴国」に吸収合併されたものと思われる。「倭人伝」の戸数にどの程度の信憑性を認めるかに問題はあるが、北部九州の諸「国」のうち際立って多い「二万余戸」からなると記されている「奴国」の領域に入ったとみるのが妥当であろう。

**吉備地域の地域的結合体**　卑弥呼の時代の「国」のあり方について興味深い内容を示しているのは、

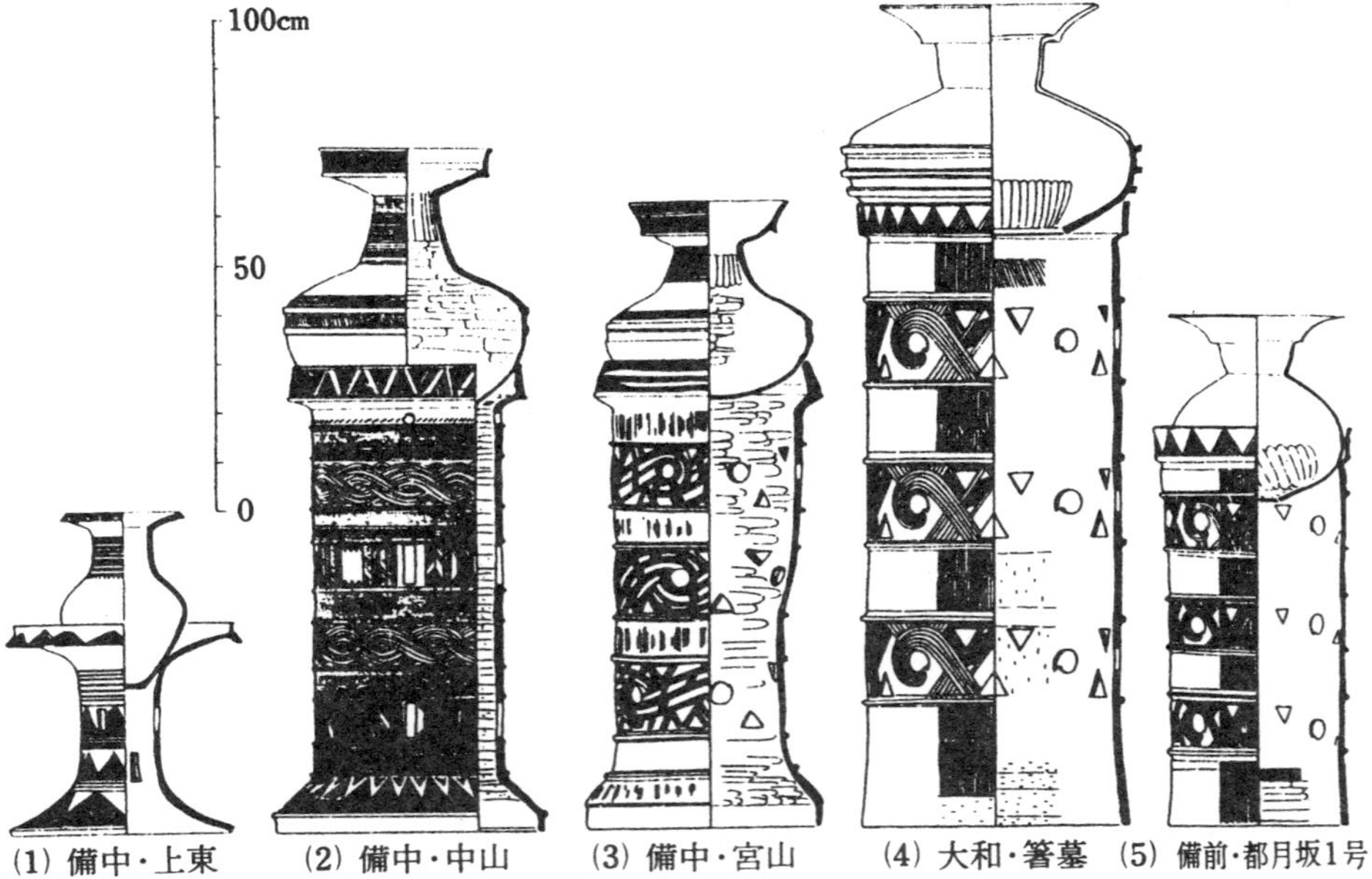


**器台・壺（1）から、特殊器台・特殊壺（2・3）さらに円筒埴輪・壺形埴輪（4・5）へ変遷**（近藤義郎『前方後円墳の時代』より）。吉備に発生した特殊壺形・特殊器台形土器が古墳の円筒埴輪・壺形埴輪となっている。

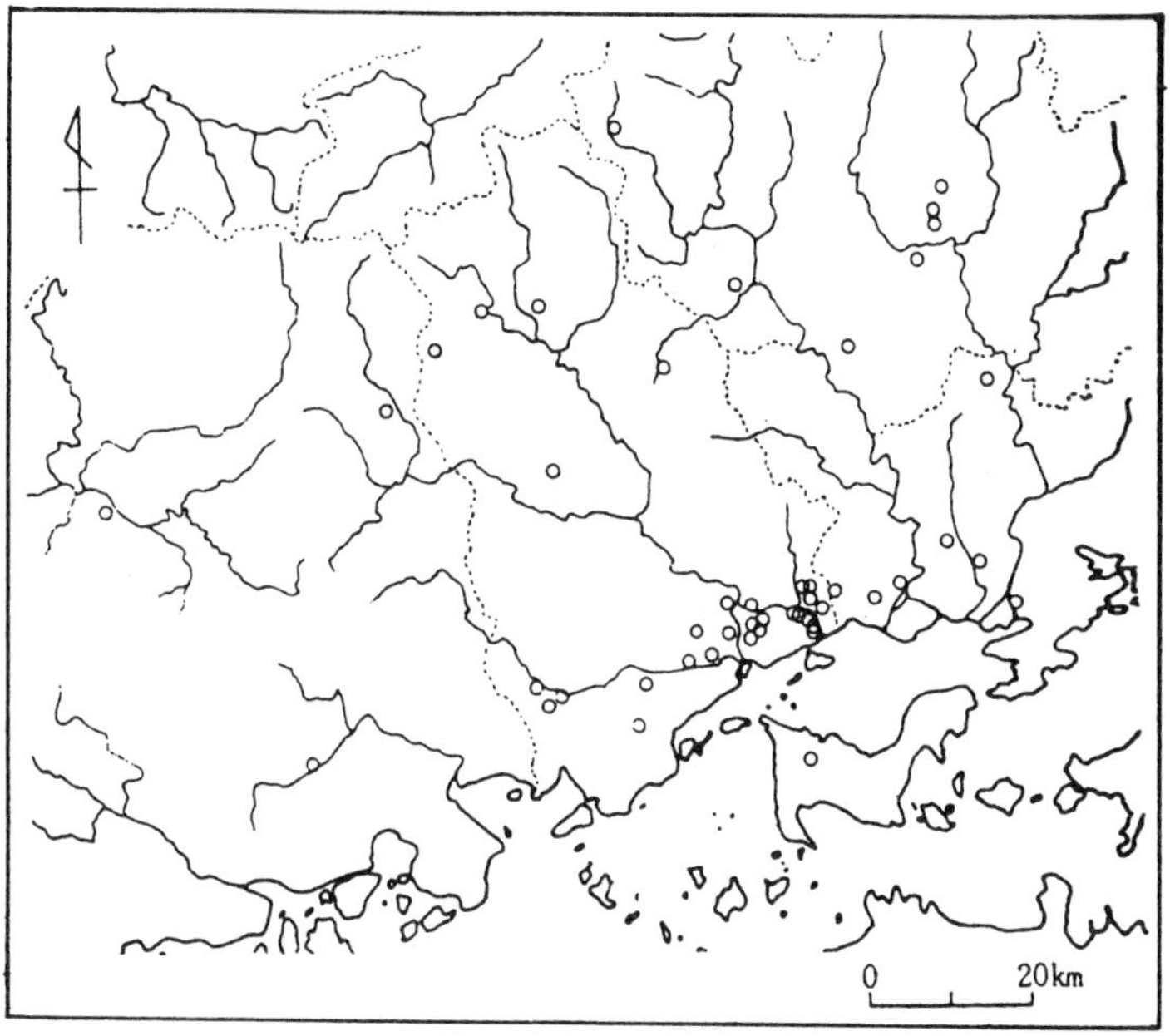


**特殊器台形・特殊壺形土器の分布**
（近藤義郎・河本清編『吉備の考古学』より）

有力首長層間の葬送儀礼の地域的な共通性の出現という事実である。このことは吉備地域と出雲を中心とした山陰地域にみられる。

近藤義郎によれば、弥生後期に吉備地域（現岡山県と広島県東部）では、有力首長の墳墓として墳丘墓が営まれ、葬送の儀器として特殊器台《きだい》形土器と特殊壺形《つぼがた》土器が数多く供献されていた。この二種類の土器は吉備地域で発生し発達したものなのだが、その分布は備中《びっちゅう》南部平野部を中心とし、備中・備前《びぜん》・備後《びんご》・美作《みまさか》の地域に限られており、その周辺の東の播磨《はりま》（兵庫県西南部）、北の因幡《いなば》（鳥取県）・伯耆《ほうき》（島根県）、西の安芸《あき》

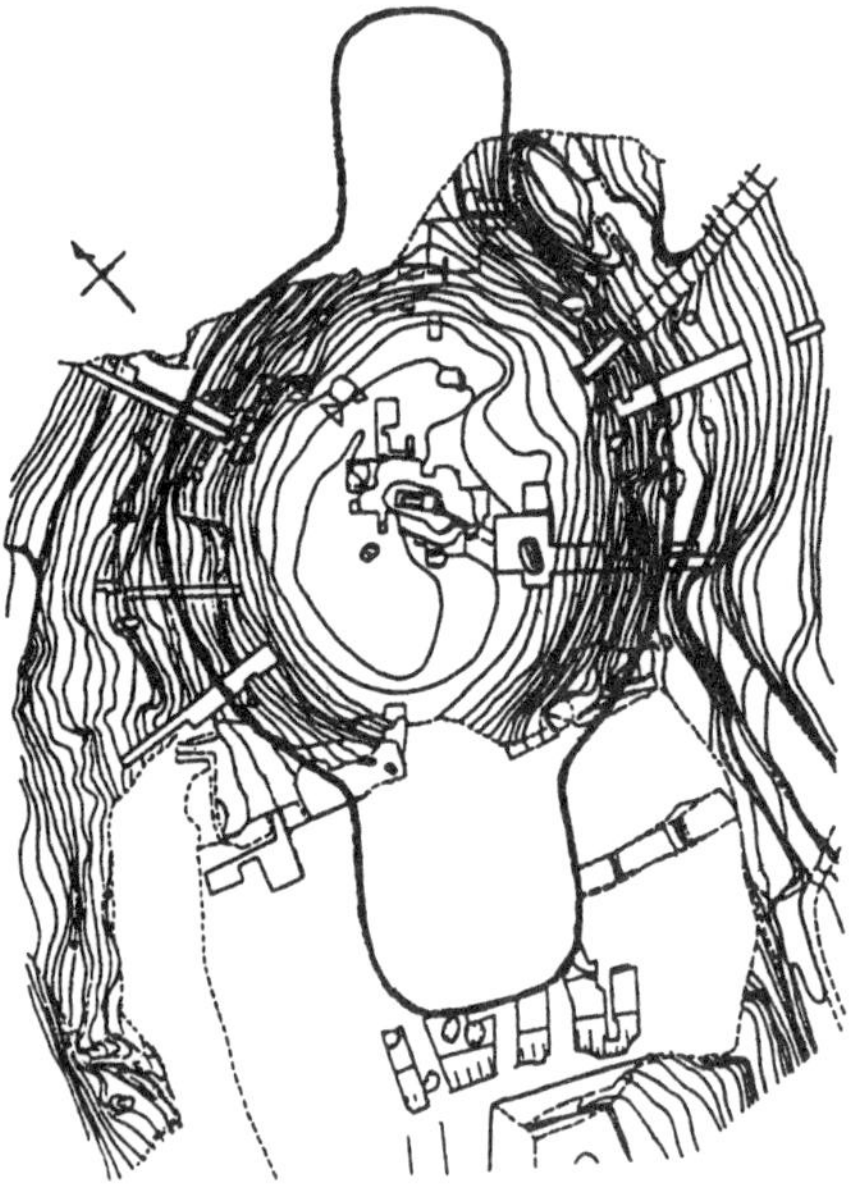

**倉敷市楯築弥生墳丘墓**（春成秀爾ほか『図解・日本の人類遺跡』より）

（広島県西部）、南の瀬戸内海を越えた四国などの地域には分布しない。このことは二種類の土器を用いた首長の葬送儀礼が前記の地域、つまり吉備地域に限って行なわれたこと、いいかえれば、二種類の土器を用いた首長の葬送儀礼の共通という形態をとって、吉備地域の首長たちが同盟ないし連合の関係にあったことを示している。

　倉敷市矢部に現存する楯築《たてつき》遺跡は、約四〇メートルの円丘に、北東・南西に約二〇メートルの方形の張り出し部をもつ全長約八〇メートルの墳丘墓であるが、その絶対年代については卑弥呼の時代である三世紀前後の時期に比定されている。吉備には同時期に数多くの墳丘墓があるが、その規模では群を抜いており、同時期の全国の墳丘墓のなかでも最大の規模を持つ。同遺跡の被葬者は当時の吉備地域の首長連合の代表的地位を占めた首長とみることができる。つまり、三世紀前後の吉備地域では、葬送儀礼に特殊器台形土器と特殊壺形土器を用いるという、独自の自立的な文化を共有しながら、代表的有力首長のもとに統属するという形をとって、一定の政治的社会が形成されていたのである。

**山陰地域の地域的結合体**　吉備の場合と同じように、葬送儀礼の共通という内容での地域社会の成立を示しているのは山陰地方である。ここでは、中国山地にその祖型をもちながら、弥生後期に山陰地域で独自に発達する四隅突出形《よすみとつしゅつがた》の弥生墳丘墓がある。その分布地域には、能登半島や美作・備後の北部地域も含まれるが、出雲（島根県東部）・因幡（鳥取県西部）を中心とした山陰地域が主要な地域である。三世紀前後の時期では、出雲の現出雲市の西谷三号・四号墓と、因幡の現鳥取市の西桂《にしかつら》見《み》墳丘墓が併立する関係にあり、二つの中心的首長の存在したことを示している。注目すべきことは、出雲地域に存在する西谷三号・四号墓に、特殊器台形土器と特殊壺形土器が出土することである。このことは、三世紀前後の時期に、出雲と吉備の大首長相互の間に一定の政治的な同盟関係が存在して、出雲の大首長の葬送儀礼に際して、吉備の大首長から二種類の土器の

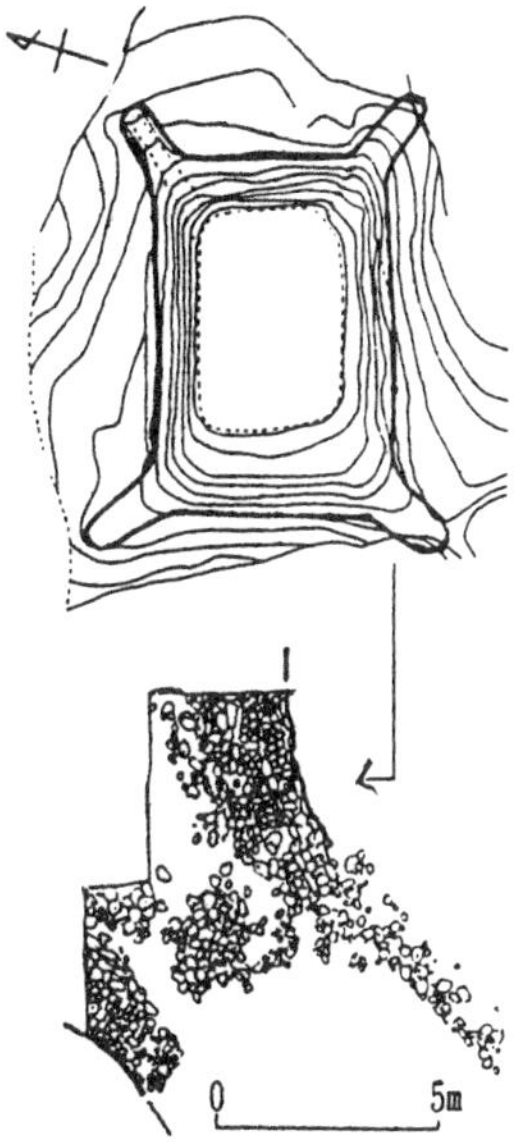


**島根県出雲市西谷３号墳**
（春成秀爾ほか『図解・日本の人類遺跡』より）。四隅突出形墳丘墓で全面に葺石がある。吉備勢力との交流を示す特殊器台型・特殊壺形土器が出土。

供献が行なわれたことを示している。吉備と出雲の大首長は、それぞれに独自の葬送儀礼と墳墓形式をもちながら、相互に対等の関係で一時的ではあるが交流していたのである。

右のような葬送儀礼の共通性を基礎にした首長相互間の関係をどのように考えることができるのであろうか。このような関係は葬送儀礼という文化の次元にとどまるものであって、それ以上の政治的関係を想定することはできない、という見解も存在しうる。だがおそらくそうではあるまい。首長の葬送儀礼をどのように行なうかは首長権の継承にかかわるもので、はじめから一定の政治的な意味がある。弥生後期は全国的にも軍事的緊張の強い時代である。それぞれの首長は孤立しては存在しえない関係におかれていた。地域の有力首長との同盟や連合は、自らの支配する地域に対する首長権の安泰をはかるうえですこぶる重要な事柄であった。この場合、どのような葬送儀礼を行なうかは、それぞれの首長の政治的立場を表明することでもあった。その意味で吉備と山陰のそれぞれの地域での葬送儀礼の共通とは、それぞれの地域での有力首長層を中心とした首長相互の政治的結合を意味するものとみなければならないだろう。

**「令制国的規模」の地域的結合体**　ところで吉備の場合は後の律令制下の美作・備前・備中・備後の「令制国」を含み、山陰の場合、二つに中心が分かれたとしても、因幡・出雲の「令制国」をその地域的な範囲とする。その意味では、前述した「郡的規模」を領域とする畿内や北部九州とあきらかに異なっている。両者の関係はどのように理解すればよいのか。吉備の場合、弥生後期の墳丘墓のほとんどは備中南部平野部に集中する傾向をもち、備前地域にはほとんどみるべきものがない。ところが最古期の古墳の最大のものは、備前南部の浦間茶臼山古墳《うらまちやうすやま》（墳丘長約一四〇メートル）として出現する。このことは吉備地域にも存在した「郡的規模」の地域集団相互の間でのヘゲモニーの移動と関係するものであろう。吉備という広大な地域の内部には、いくつもの「郡的規模」の地域的結合体が存在し、それぞれに相対的自立性をもっており、それぞれの時期にさまざまな要因からヘゲモニー集団が生み出され、そのもとに階層的構成をとりながら政治的に結合していた、というのが「吉備」と総括される地域社会の実態だったのである。三世紀前後の卑弥呼の時代に関していえば、備中南部の楯築遺跡を墳墓とする大首長が吉備地域の首長連合の頂点に立ち、諸首長と彼らの率いる集団を自己の統属下において、さらに出雲地域の大首長との間に一定の「外交関係」をも行なっていたのである。出雲地域についても、吉備と同様の関係が存在したものと考えてよいだろう。

**小括**　以上のようにみてくると、弥生後期の三世紀前後の卑弥呼の時代には、三種類の地域集団の存在したことを認めることができる。第一の類型は、拠点的集落を中心とし、その周囲にいくつかの分枝的集落をもって結合する集団である。第二類型は、第一類型の集団のいくつかの結合する「郡的規模」の集団で、畿内の場合、土器の「地域色」の分布とほぼ重なるという特色をもつ。北部九州の場合は、巨大集落の有力首長のもとに統属する政治的集団としての性格がつよい。第三類型は、第二類型の集団のいくつかが結合するもので、首長層の葬送儀礼の共通という形式をとってあらわれる政治的契機のつよい「令制国的規模」の集団である。この第三類型は、当時の先進地帯である北部九州にはみられず、現在のところ吉備と山陰地域で検出されるにとどまっている。「倭人伝」に記されている千ないし数千戸からなる「国」は第二類型に該当するものであろう。邪馬台国の七万余戸、投馬国の五万余戸などの「国」は、第三類型のものとみてよいだろう。奴国の二万余戸、伊都国の千余戸を万余戸の誤記とみるならば、両国は第二と第三の中間的規模の「国」であったとみることができる。

## 4　地域集団の歴史的性格について

**妻子・門戸・宗族**　以上のような地域集団の三つの類型をどのような歴史的性格をもつ集団として理解することができるのであろうか。このことを考えるために「倭人伝」の記す「妻子」「門戸」「宗族」「国」という社会集団の区別をあらためて取り上げることにする。前三者はいずれも犯罪者の連坐の範囲にかかわって記されたものであった。前章でみたように、軽罪を犯した場合、犯罪者は殺され、その妻子は集団の成員としての資格を否定されて奴婢とされた。重罪を犯した場合は、その程度によって「門戸」「宗族」がみな殺しの刑に処せられた。連坐に関して妻子を奴婢とする事例は夫余・高句麗にもあるが、門戸・宗族にまで及ぶのは倭人社会に関する記述のみにみられる。

妻子が一竪穴住居に生活する単婚家族を指すものであることは間違いあるまい。門戸は他種族に例をみない生活単位であるが、その実態が列島での縄文時代以来の生活単位である数個の竪穴住居からなる住居址群をさし、親と子または兄弟姉妹などの単婚家族が複数以上集まる親族的結合体で、生産諸活動における最小の経営単位でもある世帯共同体《せたいきょうどうたい》であることについても問題はあるまい。宗族という言葉は、血縁的同祖関係の存在を基礎にして形成された集団のことで、中国では父系の同祖関係を基本とするが、三世紀の倭人社会に厳密な意味での父系制の存在を想定しがたいところから、父系に限定されない広い意味での親族的関係にある集団として理解しておくのが妥当だろう。「倭人伝」の場合、他種族で用いられている地縁関係による社会的結合をさす「邑落」という文言がなく、他種族ではまったく用いられていない「宗族」という用語が用いられていることは注意を要する。このことは血縁的親族関係が社会的結合をささえるものとして機能していたことを物語っているからである。また他種族の場合、こうした血縁的関係を基礎にした社会的結合（邑落と記される場合が多い）は、それ自体として自立した法的主体となることが多いが、倭人社会では「国」の大人の支配下におかれていて、法的主体としては認められず、重罪のばあいには族滅の対象として扱われていた。

**「氏族的結合体」**　以上のような「倭人伝」の社会集団に関する記述と、さきの地域集団の三類型との関係は、宗族を、拠点集落を中心とする分枝的集落の結合である第一類型の地域集団とみることによって果たされると思う。その歴史的性格については、宗族としての結合が血縁的同祖関係を基礎にするところから、これを「氏族的結合体」として把えたいと思う。ただし、この氏族的結合体を古典学説で考えられたような厳密な父系あるいは母系を基礎にした氏族として考える必要はない。弥生時代の倭人社会に厳密な意味での父系あるいは母系の単系出自集団としての氏族＝クラン（clan）の存在した可能性がすこぶる少ないからである。この氏族的結合体は広い意味での親族関係に結ばれた土地占拠と開発の主体であり、生産と再生産の基礎的単位でもあった。この点からすれば、農業共同体とみることもできる。だがこうした結合が親族的関係をも重要な要素としてもつことからすると、地縁的関係を基礎とし血縁関係を克服した段階で成立するとされる農業共同体そのものでないことも、同時に認めておかなければならないだろう。右のような内容をもつものとして「宗族」を「氏族的結合体」とし、それを地域集団の第一類型として把握しておくことにしたい。

**「部族的結合体」**　第二類型の「郡的規模」の地域集団はどのように理解することができるのだろうか。この場合、都出比呂志が土器の「地域色」＝通婚圏がこの地域集団とほぼ重なると指摘していることが手掛りとなる。「倭人伝」は当時の婚姻習俗について多くを記さず、「国」の大人がみな四・五婦と婚姻し、下戸のうちの一部のものが二・三婦と婚姻したこと、婦人は淫せず、また嫉妬しないとあるだけである。この多妻制が大人やその配下の中小首長層のステイタス・シンボルであったことについては、先に述べた。このことからすると、一般民衆の場合、どのような儀礼と貫行を伴っていたかはあきらかではないが、それなりの一夫一婦の婚姻関係の存在したことは認めてよいと思われる。

一般に未開社会においては近親間の婚姻を禁止するインセスト・タブーがあり、内部にこうしたタブーをもつ集団同士が相互に婚姻関係を取り結ぶことになり、婚姻関係が血縁的同祖関係とならんで社会的結合の紐帯として重要な意味をもつものとされてきた。モルガン・エンゲルスに代表される古典学説においては、インセスト・タブーをもつ集団を氏族（クラン・clan）・胞族（フラトリー・phratry）とし、相互に婚姻関係を通じて安定した生命自体の再生産を行なう関係にある集団を部族（トライブ・tribe）として理解してきた。現在、これらの古典学説に対してはさまざまな批判が行なわれており、それぞれの集団概念自体も流動的で、胞族に関してはその概念自体の普遍性に疑問が出されれ、石川栄吉他編『文化人類学事典』（一九八七年　弘文堂）の関係箇所によれば今日の民族学（文化・社会人類学）では消滅しつつあるかにみえる。

三世紀の倭人社会がどのようなインセスト・タブーをもっていたかは不明であるが、門戸・宗族を内部に婚姻禁止のタブーを持つ集団であったとみることは許されると思う。都出が土器の「地域色」から、「郡的規模」の地域社会に通婚圏を検出していることは、この場合重要である。さきの古典学説との関係からすると、第二類型の「郡的規模」の地域集団は「部族的結合体」と呼ぶことができる。それが「部族的結合体」であって「部族」そのものではないのは、古典学説の場合、部族社会を原始的平等を基礎とした内婚社会としてとらえる傾向が強いのに対して、三世紀の倭人社会では、すでに首長支配を基礎にした階層的関係が実現しており、また婚姻関係そのものも部族的結合の範囲を厳密に規定するものではなくなっていて、都出の指摘に従えば、通婚圏の地域的な限界が曖昧になっているという現実があるからである。とくに三世紀の倭人社会では、「国」を単位とした集団相互の戦いがきびしく行なわれており、それぞれの領域を確保・拡大するうえで、集団相互の政治的な関係は重要な意味をもっていた。こうした政治的・軍事的契機も「部族的結合体」の形成にとって不可欠の要因であった。北部九州の巨大集落を中心とした「郡的規模」の地域集団の場合、この地域での軍事的な緊張関係が強かったことから、こうした政治的・軍事的契機をとくに重視しなければならないだろう。

**「部族同盟的結合体」**　第三類型の「令制国的規模」の地域集団は、第二類型の地域集団が階層的に編成されたもので、それぞれの時期にその地域でのヘゲモニーを獲得した有力首長を中心にして形成されたものである。その意味では政治的契機がすこぶる重要な意味をもつ。こうした地域集団を「部族同盟的結合体」と呼ぶことにしたい。

**首長制の重視**　以上、第一類型の拠点集落を中心とした分枝的集落の結合を「倭人伝」にいう「宗族」とし、これを「氏族的結合体」とし、第二類型の「郡的規模」の地域的結合体を「部族的結合体」、第三類型の「令制国的規模」の地域的結合体を「部族同盟的結合体」として把握することを述べた。それぞれの用語は古典学説にもとづいてはいるが、内容的には大きく異なっている。とくに異なるのは古典学説の場合原始的平等を基礎にしているのに対して、首長を中心とした階層的構成を不可欠の内容として認めるところにある。現在、日本の原始・古代社会に首長制という形態をもった支配・隷属の関係が存在したことは、誰しもの認めるところとなっているのであるが、問題は、弥生後期の卑弥呼の時代の首長の存在形態を具体的にどのような歴史的性格をもつものとして把握するかにある。

**首長居館の展開**　こうした問題について、最近の集落研究のなかで、とくに北部九州地域について明らかにされつつある首長の「居館」に関する考古学の成果は貴重な内容をもっている。以下武末純一の研究によってその状況をみよう。紀元前後の弥生中期後半の時期になると、環濠をめぐらした拠点集落の内部に、方形の環濠（溝）で特別に区画された特別の居住区があらわれてくる。佐賀県吉野ケ里遺跡の内濠に囲まれた区画はその典型的な事例である。それまで広場・倉庫・物見櫓《ものみやぐら》は集落全体のものであったが、次第に首長の居住区のなかに取り込まれてゆき、そこでの住居にはそれまでの竪穴住居とは別の掘立柱《ほったてばしら》によって構築された住居があらわれてくる。弥生後期末の三世紀中葉になると、それまで環濠集落の内部にあった方形環濠（溝）をもつ首長の居館は環濠集落の外部に営まれるようになる。佐賀県基山《きやま》町の千塔山《せんどやま》遺跡の首長居館では七五メートル×六七メートルの方形環濠をめぐらし、中央に広場、北西隅には高床倉庫群を配置している。つまり、首長の居館は、当初は環濠集落の内部にあって特別な区画をもたなかったが、弥生中期ごろから集落内の方形環濠（溝）によって自らの居住区を他と区別するようになり、弥生後期になると一般の集落から離れて方形環濠をめぐらした居住区を形成するようになる。こうした傾向がすすむなかで一般集落にめぐらされていた環濠は消滅

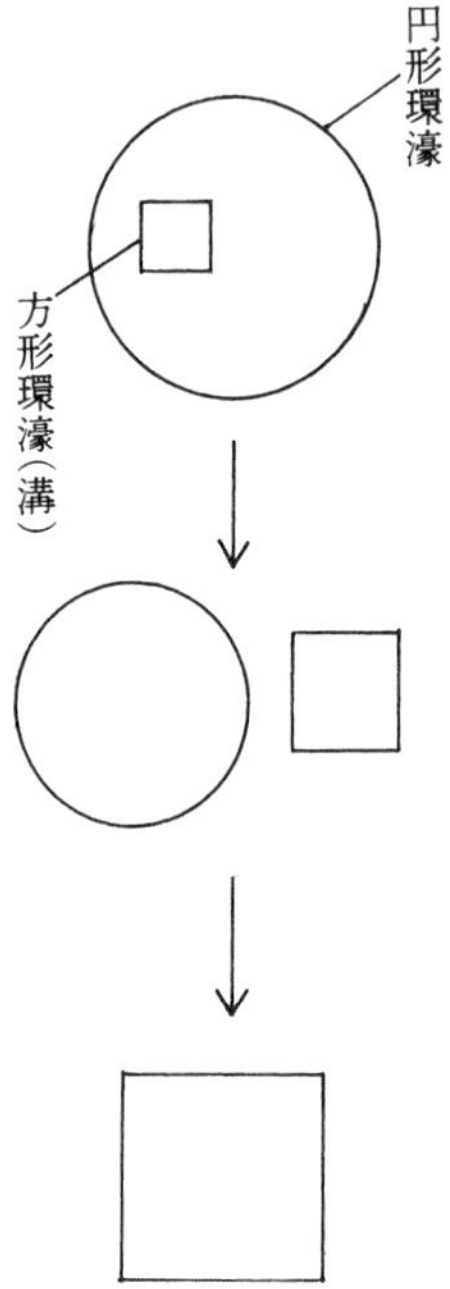


してゆくことになる。武末はこの関係を右のように図示している。

千塔山遺跡は小地域を支配する首長層の居館であるが、「国」の大人クラスの場合はより大規模なものとなる。福岡県の須玖《すぐ》遺跡群は「奴国」の中心部とみられるものであるが、そこでは青銅器やガラスの生産工房がそれぞれ溝で区画され、高床倉庫群が密集し、掘立柱の平地住居の集中する地域も生まれている。こうした地域を本拠とする首長層は、あきらかに一般の民衆とは区別された存在であり、政治的支配権を掌握していたとみなければならないだろう。

最近、近畿からも弥生時代の首長居館が検出されはじめている。近畿の拠点集落の代表的な事例である大阪府池上・曽根遺跡から正確に南北軸をもつ床面積一二〇平方メートルの掘立柱建物が検出され、首長の政治と祭祀の一体的な場であったことが推定されている。このほか兵庫県川西市の加茂遺跡からも居館を方形に囲んだ土塁跡が出土している。これらは一世紀頃のものである。近畿でも一世紀頃に首長層は確実に誕生していたのである。

**首長支配の発生の契機**　以上のような主として北部九州地域で検出されている首長居館とその展開

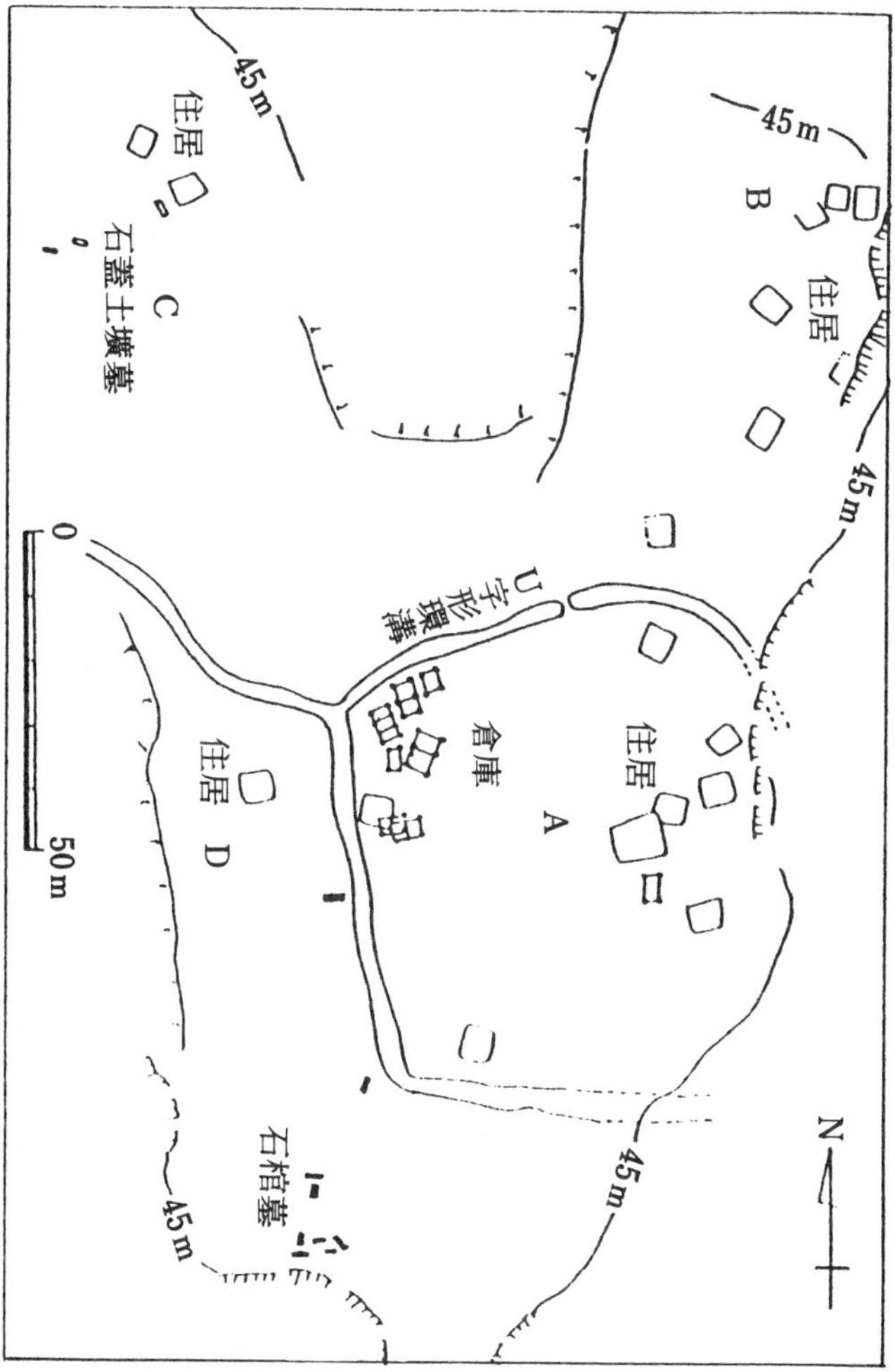


佐賀県千塔山遺跡の弥生後期後半の集落構造（武末純一「環濠集落から居館へ」泉南市『古代の豪族』より）

は、おそらく今後、列島的規模で検出されてゆくものと思われる。それにしても弥生前期の段階では環濠集落の内部にあって特別の区画も持たなかった首長の居館が、前述のような内容で集落外に方形環濠をめぐらすにいたるのは、まさに首長の権威と権力が増大し支配者としての地位が確立したことによる。問題はこうした首長層の出現がどのような契機からのものであったのか、ということである。

一般に、こうした支配従属関係の発生にあたっては、当該社会での生産諸力の発展にともなって剰余労働・剰余生産物が生まれ、支配層はこうした剰余労働・剰余生産物を私有するものとして出現したとされる。それとともにそれまで共同体の維持のために首長に対して委任されていた諸機能、具体的には、共同体内部での紛争の裁決、個人の越権行為の防止、生産諸条件の維持と拡大、共同体を代表して他の共同体と各種の交渉を行なうこと、共同体の精神的な共同性を実現するための宗教的な各種の役割を担うことなどを、次第に共同体支配の手段として掌握するようになることも重要な意味がある。生産諸力の発展による剰余労働・剰余生産物の発生と、首長に委任されていた共同体的諸機能を首長が支配の手段として掌握すること、この二重の関係のなかで支配・被支配の関係が生まれてくる。首長の支配者としての誕生には、とくに後者の共同体的諸機能の私的な掌握が重要な役割を果たしているとみてよいだろう。

弥生時代を通じて形成される首長制もこうした一般的な支配隷属関係発生の事情に根拠を持っていたことは認めておく必要がある。だがこうした一般論だけでは歴史的・具体的に存在する弥生時代の

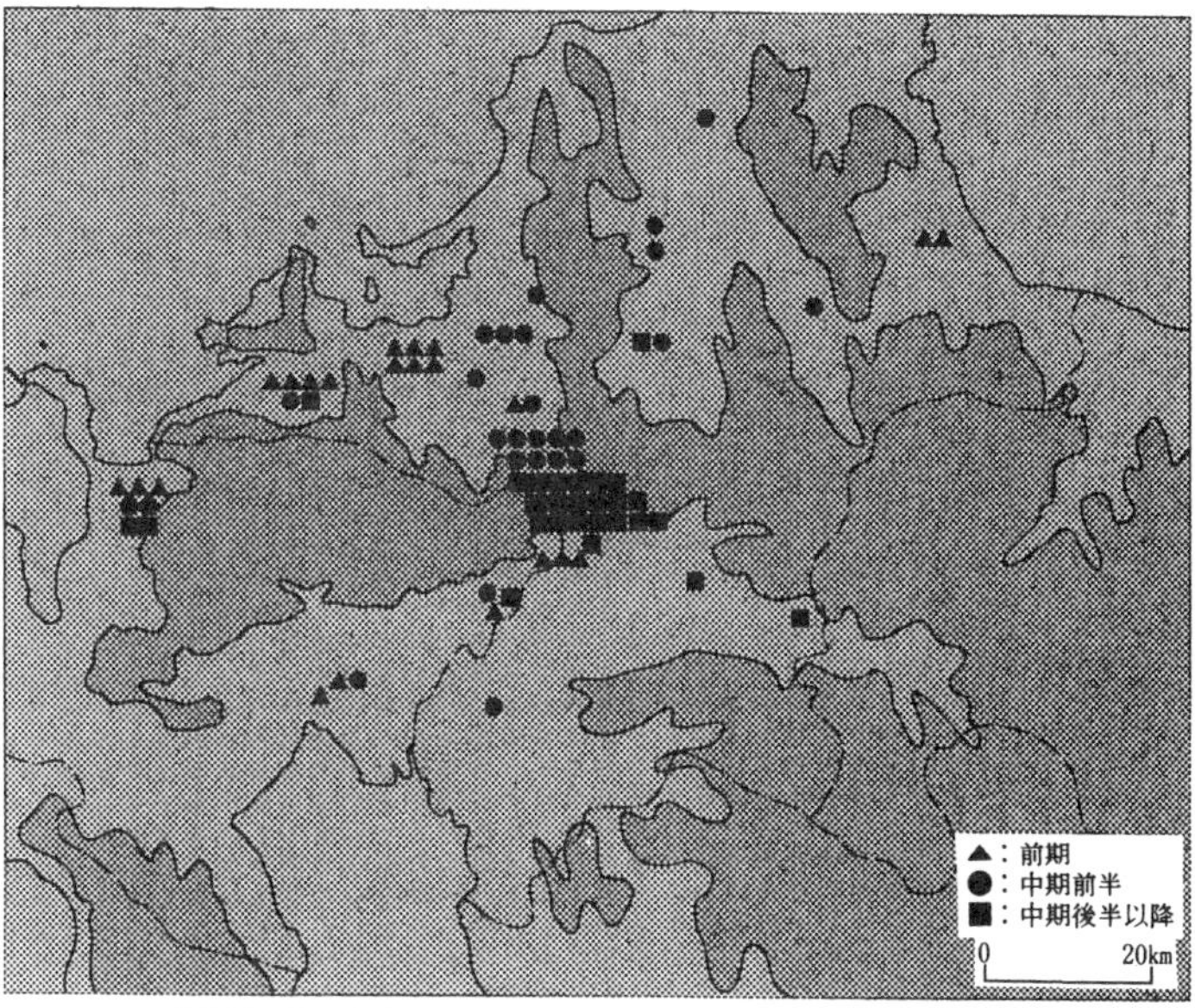


北部九州の弥生時代の戦いの犠牲者の墓の分布の変遷
（『弥生の“いくさ”と環濠集落』横浜市歴史博物館より）

首長制を充分に理解したことにはならない。倭人社会での首長制の成立にあたっては、地域集団相互の「戦い」と、当時の社会的分業のあり方を重視しなければならない。

**戦い・軍事的緊張状態と首長の権限の強化**　弥生時代が軍事的緊張と「戦い」の時代でもあったことはすでに述べた。橋口達也は北部九州地域を中心として、弥生時代各期の「戦い」とそれを通じて首長層が成立してくる過程を具体的に論じている。橋口の場合、さきの一般論をふまえながら、農業生産力の発展が剰余生産物を生み出して人口増加をもたらすこと、人口増加が新たな可耕地の開発をひきおこすことになり、その結果、諸集団間での土地占拠をめぐる戦闘が不断に行なわれること、こうした集団間の戦闘を通じて首長の権威と権力の確立してくる状況を、弥生早期から卑弥呼の時代さらには古墳時代の始まりまでを見透して、多面的に考察している。たしかに軍事的緊張と不断の戦闘状態は、その勝敗が集団の存続にとって決定的な意味をもつことから、軍事的指導者としての首長の権威を高めることになる。この点で「倭人伝」に「邸閣《ていかく》」という用語のあることがあらためて注目される。日野開三郎のすぐれた研究によって、邸閣は軍事的大倉庫のことであることが明らかにされていたが、その後の邪馬台国研究において日野の指摘を生かした研究はほとんどなかった。最近の考古学の成果によって日野の先駆的研究のもつ意味があらためて明らかになりつつあるといえよう。軍事的大倉庫としての邸閣は、軍事的指揮者としての「国」の大人によって管理されていたことは、まず間違いあるまい。「国」相互の間での対立のもとで臨戦体制をととのえておく必要から設置された「邸閣」は、「国」の大人によって、当然、管理されたと考えられるからである。

**社会的分業と首長権**　今一つの社会的分業との関係では、まず二つのことに注意したい。一つは、弥生時代のそれぞれの地域集団は、それ自体で自立的な自給自足の経済体制をもつことはできなかった。生命の維持にとって必要な塩、日常の道具である石器の生産に必要な原材料はもとより、青銅器・鉄器の原材料は海外からの供給に依存していた。今一つは、青銅器・鉄器の原材料が朝鮮半島さらには中国大陸からもたらされ、弥生時代の倭人社会は東アジアとの交流を不可欠の前提として存在していたことである。このうちの鉄に関しては、東夷伝中の弁辰条に「国、鉄を出す。韓・濊・倭みな従ってこれを取る」とあることや、鉄素材としての鉄鋌が各地域で出土していることは、すでに周知のところである。こうした列島の内外にわたる物資の流通は、これを専門に扱う商人によって担われたものではなかった。各地域の首長相互間の交流のネットワークによって、それぞれの物資が入手された。つまり首長層はそれぞれの地域社会での物資の流通＝社会的分業のセンターとしての役割を果たすものであったわけである。地域集団にとって日常的に不可欠な物資が列島の内外から首長層の活動によってもたらされているということは、首長層の地域集団内での地位をさらに確立させることになる。

右のような社会的分業での首長層の役割には、大別して二つの形態がある。一つは、奴国の支配層の本拠に比定されている須玖遺跡群にみられるものである。前述のようにこの遺跡群では青銅器・鉄器・ガラス器を生産した工房址が集中しており、当時の一大コンビナートの観を呈している。北部九州での青銅器の鋳型の出土例は六十余であるが、その六割は奴国の領域から出土しており、そのうちの半数は須玖遺跡群からのものである。しかもその青銅器は北部九州地域はもとより壱岐・対馬・四国・瀬戸内地方、さらには南部朝鮮にも分布している。北部九州での他の地域で奴国の領域ほどの鋳型の出土の集中する例はない。奴国の支配層は自らのもとに工人集団を恒常的に支配して集中的な生産体制をもち、その配布（流通）関係を統制支配することによって、奴国内はもとより、北部九州を中心とした他地域に対して優越的な地位を占めていたとみてよいだろう。

今一つの形態は、自らのもとに恒常的な工人集団を組織できてはいないが、それらの工人たちを必要に応じて自らの本拠に招き、それぞれの物資を生産させ、その生産物を掌握して、自らの領域内の流通に支配権をもつという形態である。各地で少量ずつ出土する青銅器の鋳型は、こうした関係を物語るものであろう。この場合でも首長層は領域内の社会的分業のセンターとしての役割を果たすことになる。

以上のような首長層と社会的分業との関係は、その後の古墳時代にもひきつがれ、日本古代の社会的分業の基本的な形態となった。五世紀末ないし六世紀初頭の豪族居館として著名な群馬県三ツ寺Ⅰ遺跡の一角に、金属工房址が検出されていることはそのことを物語るものであろう。

**「国」の大人の歴史的位置**　弥生時代とくに後期の首長層は、土地占拠と耕地の拡大、他集団に対して集団の存在と発展をはかるための軍事的役割、各種の社会的分業の地域的なセンターあるいは組織者としての役割を担い、そのことによって首長としての支配的地位を確立していたのである。こうした首長層の頂点に位置するのが「国」の大人であった。問題は「国」の大人の支配的地位にかかわる権威と権力のあり方である。前述のように一般の集落から首長層の居館が分離し、集落の外に方形環濠をもつ独自の生活空間を営んでいることからみて、「国」の大人の居館が、「倭人伝」が卑弥呼の宮殿について記すような「宮室・楼観・城柵、厳かに設け、常に人あり、兵を持して守衛す」とあるのと似た内容を持つものであったことは、確かであろう。だがその一方で、大人は一般の下戸と日常的に接触する存在でもあった。大人が敬うのをみれば下戸は拍手するとあるのや、大人と道で出会った下戸は必ず道をゆずるとあるのや、大人から声をかけられた下戸は必ず「噫《あい》」と答えるとある「倭人伝」の記事がそのことを示している。さらに当時の「国」毎にすべての男子の行なっていた文身の習俗では、「尊卑別あり」と記されるように、大人もその習俗を共有し、大人にふさわしい文身を身体に施していた。

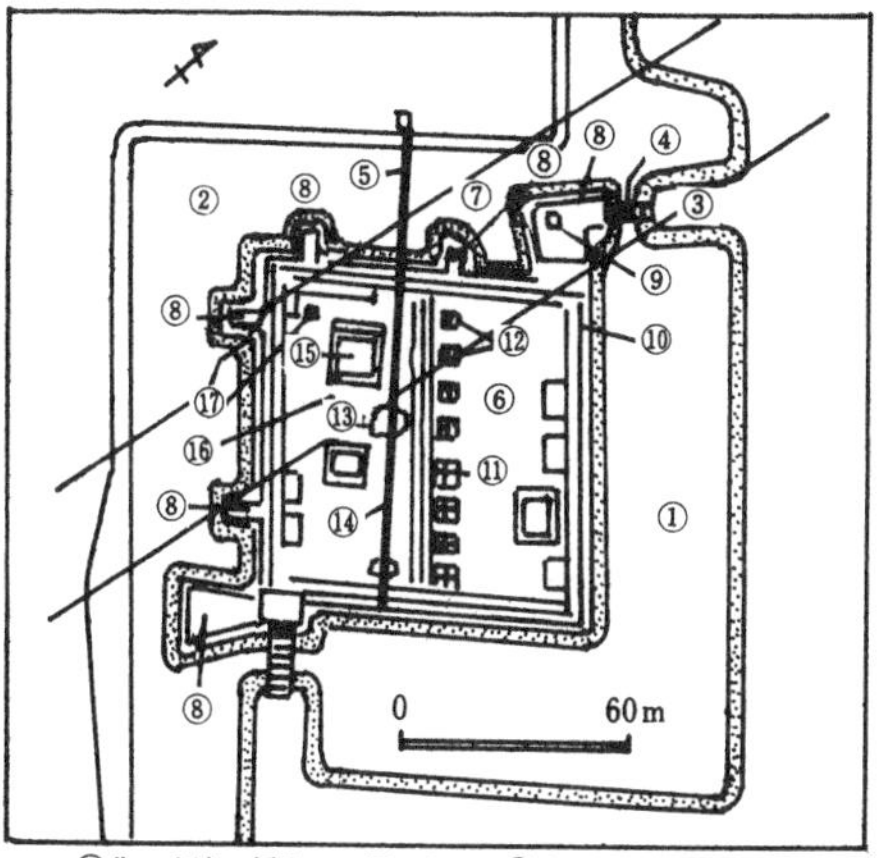


①北・東濠―幅32m、深さ3m　②南・西濠―幅40m、深さ4m　③土橋　④渡橋　⑤水道橋　⑤居館内盛土―厚さ約1m　⑦石垣　⑧張出部　⑨金属器工房竪穴住居　⑩外周柵列　⑪中央柵列　⑫竪穴住居　⑬石敷（水の祭祀の場）　⑭溝　⑮主屋（全体規模14×13.70m、草葺き草壁、寄棟、大形平地式住居）　⑯広場　⑰井戸（祭祀と関係）

**三ツ寺Ⅰ遺跡**（群馬県埋蔵文化財調査事業団他編『古代東国の王者』より）、⑨に金属器工房址がある。

　大人はたしかに強大な権力と権威をもつ存在ではあるが、それぞれの「国」社会から疎外した権力者ではない。文身習俗にみられるように、大人は「国」内の人びとと価値観を共有し、そうした価値観にうらづけられた社会的秩序や正統性を尊重し、それらを人格的に体現する存在であることによって、その権威と権力が認められた存在だったのである。その限りでは、大人の権威と権力は「国」の内部においては絶対的な強制力を持ちうるが、「国」の外部に対しては強制力をもちえない関係にあった。「国」相互の利害の対立は、それぞれの「国」とそれを率いる大人の力量によってしか解決できない。そこに不断の軍事的緊張関係が存在することになる。こうした「国」を単位とした倭人社会の対立と緊張の状態を、どのように解決して倭人社会の安定と平和をもたらすかということが、卑弥呼の王権に課せられた最大の課題の一つであったのである。

# 第四章　「王」の出現と「倭国乱」

## 1　「王」の誕生

前章で述べたように、紀元前後（弥生中期後半）の北部九州では、円形の環濠集落の内部に方形の環濠（溝）をめぐらした首長層の居館が発生する。吉野ケ里遺跡はそのことを示す著名な事例で、内側の環濠の入口に物見櫓なども配置していた。最近では、近畿でも大阪府下の池上・曽根遺跡から一世紀代の床面積一二〇平方メートルの建物跡が正確に南北軸をもって造営されていたことが明らかになった。一世紀代の列島社会では、北部九州であると近畿であるとを問わず、独自の空間を居館とする首長層が成立していた。だが彼らはそれぞれの拠点集落の支配者であっても「王」であったのではない。いくつかの拠点集落群の結合した「郡的規模」の地域集団の最高の支配者が、それぞれの「国」の「王」としての資格を認められた存在だった。

**「王」の称号について**　ところで「王」の称号は、中国に生まれた支配者の称号である。春秋時代以前においては最高の君主を意味する用語だったが、戦国時代に有力な地域支配者が「王」を自称したためその地位は相対的なものとなる。紀元前二二一年に戦国時代の六国を滅ぼして中国を統一した秦の始皇帝は、自らの権威と地位にふさわしい称号として「皇帝」号を生み出す。その後、漢が成立すると「王」の称号は皇帝によって与えられるものとなり、「王」は臣礼をもって皇帝に服従するという関係におかれ、独立した君主権を示す称号ではなくなってゆく。したがって中国からみる限り、漢代以降の王号は、正式には皇帝からの承認をまって初めて許される称号であって、地域の支配層が自称することのできないものであった。こうした皇帝と王との関係については、西嶋定生の研究に詳しい。

**「奴国王」について**　文献によって倭人社会の「王」号の確かめられる最初の事例は、『後漢書』に「建武中元二年（西暦五七）、倭の奴国、貢《みつぎ》を奉《たてまつ》りて朝賀《ちょうが》す。使人、自ら大夫と称す。倭国の極南界なり。光武《こうぶ》、賜うに印綬《いんじゅ》を以てす」とあるものである。この光武帝の奴国王に賜授した「印」が、江戸時代に現福岡県志賀島から出土した「漢委奴国王」の刻字をもつ金印であったことはよく知られている。前章に述べたように、この奴国は福岡平野を領域とし、須玖《すぐ》・岡本《おかもと》遺跡を中心として形成された「国」で、「倭人伝」には北部九州の諸国では際立って多い二万余戸の戸数を持つと記されている。この須玖・岡本遺跡が青銅器・鉄器・ガラスなどの生産工房址の集中する当時の一大コンビナートでもあったことはさきに述べた。

こうした「奴国」の王墓として著名なのは、須玖・岡本D地点墓で甕棺の単独埋葬墓であるが、甕棺の内外から前漢鏡三十面前後、青銅製の剣・矛・戈十口前後、ガラス璧《へき》、ガラスの勾玉・管玉約十三個が検出された。これほどの豊富な副葬品をもつ墳墓は現在までのところ福岡平野に存在しない。右の副葬品のなかでとくに重要なのはガラス璧である。古代中国では朝貢してきた諸国の王に、王のしるしとして璧を与えている。この甕棺墓出土の璧も多数の鏡とともに前漢の皇帝から与えられたものとみてよい。この甕棺墓は遺物その他の年代からすると、金印を与えられた王よりも五十年以上も以前のものである。「奴国」には五七年よりも以前に、中国から「王」として認められた人物が存在したわけである。

こうした「王」のもとで金属器やガラスなどの生産が集中的に行なわれ、その製品が北部九州一帯はもとより、瀬戸内・四国や、壱岐・対馬さらには朝鮮南部地域にまで分布していたことについては先に述べた。当時の「国」の支配層相互の間に存在した金属器やガラス製品の流通のネットワークのなかで、奴国の「王」が圧倒的な優位を占めていたことはまず間違いあるまい。おそらくそうした奴国の実力を背景にして、西接する早良平野の首長層を圧倒し、この地域をもその領域内に取り込んだものであろう。同平野で弥生中期前半期に中心となっていた吉武遺跡の影響力が中期後半に失われていること、「倭人伝」に早良平野を本拠とする「国」の存在を見出せないことは、こうした事情を物語るものであろう。

## 「倭国王」の出現

「倭国王」の初見は、前述したように、『後漢書』の安帝の永初元年（一〇七）

に「倭国王帥升等、生口百六十人を献じ、請見を願う」とあるものである。この『後漢書』の記述については、『通典《つてん》』北宋版に「倭面土国王師升等、生口を献ず」とあることや、『翰苑』に「倭面上国王師升あり」と記されていることから、さまざまな学説が出され、現在も論争が続けられている。『通典』は唐代に杜佑《どゆう》が撰述した類書《るいしょ》（多くの書物に記述されている内容を事項別に分類し、項目を立てて編集したもの、中国での百科事典ともいうべきもの）で、上古より唐の天宝年間（七四二〜七五五）に至る諸制度を食貨・選挙・職官・礼・楽・兵・刑・州郡・辺防などに分類し、正史の項目を編述したもので八〇一年に完成した。『翰苑』は唐の張楚金《ちょうそきん》の撰した類書で六六〇年以前に完成したが、現在は蕃夷部のみが太宰府天満宮に伝存する。両書とも『後漢書』からの引用として前記の文章を記しているため、現行の『後漢書』との関係が問題になるわけである。

明治以後、邪馬台国問題をはじめて取り上げた内藤湖南以来、最近の三木太郎にいたるまで「倭面土国」「帥升」「師升等」については各種の説があるが、最近、この問題を丹念に追究した西嶋定生の一連の研究の成果に同意するものである。西嶋の論証は多岐にわたるが、『後漢書』の本文としては通行本でよく、面土国・面上国・師升に拘わる必要はないというのが、その骨子である。

すこぶる短い文章ではあるが、『後漢書』の文言には数多くの問題が含まれている。第一は、それまでのように「倭奴国王」などのように倭人社会内の小国の王ではなく、「倭国王」とあって倭人社会の全体を政治的に代表する「王」の誕生を示すことである。第二はその王名は「帥升」ではあるが、後漢王朝への朝貢は、「帥升」単独ではなく、「帥升等」とあるようにいくつかの小国の代表とともに行なっていることである。王名を「帥升等」とみる説もあるがあたらないと思う。第三は百六十人もの「生口」を献じていることである。「倭人伝」に「生口」を献じた例は三回みられるが、景初三年(二三九)の卑弥呼の場合は男女十人、正始四年(二四三)の遣使では「生口」とのみあって人数はなく、おそらく正始九年とみられる壹与の遣使では男女の「生口」三十人であり、永初元年の百六十人は際立って多い。「生口」をめぐっては各種の説もあるが、戦争による捕虜とみるのが通説で、それでよいと思われる。

以上の三点から次のように解釈することができる。それまで倭人社会内の小国がそれぞれ楽浪郡を通じて後漢との通交関係を保っていたが、一〇七年の頃に倭人社会の内部で「国」相互の対立がきびしく進行して戦争が行なわれ、その結果、それぞれの小国のうえに立つ「倭国王」が誕生する。誕生した「倭国王」は「帥升」であったが、彼は後漢王朝に「倭国王」として遣使し、戦争によって獲得された捕虜のうち百六十人を献じて、後漢王朝から「倭国王」としての地位の承認を求める。この場合、それまでそれぞれに後漢王朝に通交関係をもっていた小国の代表も遣使に加わった。誕生間もない「倭国」という政治的統一体とその代表としての「倭国王」としては、それまでの通交関係と自らの政治的基盤がまだ充分に確立できていないこともあって、「倭国王」単独の遣使という形をとれなかったのである。

## 「倭国王」と「伊都国」

以上の解釈は『後漢書』の文言からの推定であるが、おそらく間違いないものと思われる。問題はこのときの「倭国王帥升」の本拠をどの地域に比定しうるか、ということである。二世紀初頭の時期においても、やはりその本拠は先進地帯である北部九州に求めるのが妥当であろう。この場合「倭人伝」に「世々、王あり、皆、女王国に統属す」と特記されている伊都国が注目される。「倭人伝」が卑弥呼のほかに「王」の存在を明記しているのは、卑弥呼と敵対関係にある狗《く》奴《な》国と伊都国のみである。狗奴国の場合、卑弥呼と敵対関係にあることから、その最高首長を「王」と記すことにはそれなりの理由もある。だが伊都国の場合、卑弥呼の統属下にありながら、その最高首長が「王」と記されているわけで、伊都国は卑弥呼の時代の「倭国」のなかで特別の地位の認められた存在だったわけである。外交実務を取り仕切り、北部九州一帯を卑弥呼の官僚として支配した「一大率」が伊都国に置かれていたこと、魏の使節らが「倭国」に使したとき常に伊都国に「常駐」していたこと、などもあらためて想起されてよい。一世紀中頃において奴国が倭人社会を代表する地位を占めていたが、二世紀初頭の時期に伊都国が「倭国」を代表する立場に立っていた、とみてよいと思う。そのことが、三世紀代の卑弥呼の時代において、伊都国が唯一小「国」ながら「王」の存在が認められ、北部九州の外交的・政治的中心となる所以でもあったのである。

**糸島平野の厚葬墓**　以上の推定は文献解釈からのものであるが、考古学的な事実も右の事柄を裏付けていると思われる。伊都国の故地は前原《まえばる》市を中心とした糸島平野の地域であるが、ここには、弥生中期後半から後期の終末期にかけての厚葬墓が四基、連続して営まれている。もっとも古いのは三雲南小路一号墓で、単独の甕棺の内外から前漢鏡三十五面以上、銅矛二・銅剣一・銅戈一、ガラス璧八個、金銅製四葉座金具四、ガラス勾玉三・管玉六十が出土している。金銅製四葉座金具とは金メッキされた銅製の木棺の飾りで、前漢の皇帝が「王」であった人物の死に際して贈るものである。前述のガラス璧も「王」に対して皇帝から贈られるものであったことからすると、この甕棺に葬られた人物が、さきの奴国の須玖・岡本D地点墓に葬られた人物と同様に、前漢の皇帝から「王」としての待遇を受けていたことが知られる。両者の時期的関係については、三雲南小路一号墓のほうが先行すると考えられている。

右の一号墓に近接して二号墓がある。ここからは前漢鏡二十二面、ヒスイ勾玉一、ガラス勾玉十二・垂飾一のほか、ガラス璧を再加工したペンダントが出土している。一号墓を「王」とすれば、この二号墓は王妃にあたるものであろう。青銅製の武器を副葬しないこともこうした推定をたすける。さらに三雲遺跡の周辺には、王墓と推定される墳墓が二基存在する。井原鑓溝《やりみぞ》遺跡は後漢鏡二十一面以上、鉄製の刀剣類若干、巴型《ともえがた》銅器と呼ばれる楯《たて》につける飾り金具三を納めた甕棺墓である。時期的には奴国王が金印を賜与された時期のものである。三雲遺跡から西約五百メートルの場所に平原《ひらばる》遺跡がある。この墳墓は方形周溝《ほうけいしゅうこう》をめぐらした墳丘墓に割竹形木棺《わりだけがたもっかん》をおさめ、後漢鏡三十五面、直径四十七センチメートルに達する日本列島で製作された巨大な鏡四面、鉄刀一、鉄刀子一、多数の玉類を副葬していた。時期的には二世紀末に近く、「倭人伝」直前の墳墓であるが、それまでの甕棺でなく墳丘墓に木棺を収めているところに大きな特徴がある。

以上のようにみてくると、伊都国の故地に比定される糸島平野から、現在までのところ、約百年に及ぶ三代の「王」墓が検出されたことになる。その豊富な副葬品は同時期の墳墓のなかでも卓越したものがあり、北部九州地域を代表して「倭国王」を称するのにふさわしいものということができるだろう。福岡平野を基盤とする奴国と異なっているのは、現在までのところ、青銅器・鉄器・ガラスなどの集中的な生産工房址が検出されていないことである。このことは当時の社会的分業のなかで、自らの領域内に一大コンビナートを設置するという形ではなく、後漢王朝との外交関係において優越的な地位を占め、倭国内ではそれぞれの地域での生産と流通を統制し支配するセンターとなるという形態で、王権の役割を担おうとしたものと思われる。そうした役割は、王権が後漢王朝の権威によって保障され、また諸「国」間の利害関係が「王」によって調整しうる限りにおいては可能であった。だが、後漢王朝の衰退と、諸「国」間の利害関係がきびしく展開するようになると、「倭国王」の権威は失墜し、戦乱の時代を迎えることになる。「倭人伝」の「倭国乱」はそうした時代が到来したことを示すものである。

## 2 「倭国乱」の記事について

「倭人伝」は卑弥呼の登場について次のように記している。

「其の国、本亦《もとまた》、男子を以て王と為す。住《とど》まること七、八十年。倭国乱れ、相い攻伐して年を歴《へ》たり。乃《すなわ》ち一女子を共立として王と為す。名づけて卑弥呼と曰《い》う。」

右の記述によれば、倭国では元来は他の国々と同じように男子が王となっていて、その状態が七・八十年間続いていた。ところが内乱がおこり、数年間、戦争状態が続いた。そこで内乱を終わらせるために卑弥呼を「共立」して王とした、と。非常に簡潔な文章で卑弥呼の登場が語られているのであるが、そこには多くの問題が含まれている。

第一、卑弥呼の登場以前に七・八十年にわたって男子の王を出していたのはどの地域なのか。第二、内乱の時期を明記していないが何時頃のことなのか。第三、倭国が内乱状態であったとあるが、その地域は北部九州を中心とした地域なのか、あるいは列島的規模のものであったのか。第四、内乱の原因は何であったのか。第五、卑弥呼を「共立」した主体をどのような勢力に求めることができるのか。これらはいずれも解決困難な、しかも重要な問題であり、従来からさまざまに論じられてきた。以下では、現在までの諸説とくに最近の考古学の研究成果によりながら、私見を述べることにする。

まず第一の卑弥呼登場以前の男子の王の本拠であるが、前節で「倭国王帥升」について述べたように、北部九州とくに伊都国であった可能性が高い。以下ではこのことを前提として述べることにする。

**「倭国乱」の時期について**　内乱の時期について「倭人伝」は前記のような内容になっていてその時期を明示してはいない。だが陳寿は右の「倭国王帥升」の安帝の永初元年（一〇七）の遣使の史実をすでに知っていて、それを起点としてその後、七・八十年間は男子が「倭国王」となっていたとみていたと思われる。そのようにみると、内乱は二世紀末のことであったことになる。

ところで中国の史書には、この内乱の時期について、「倭人伝」のほかに二種の記事がある。一つは、五世紀中葉に范曄《はんよう》によって撰述された『後漢書』東夷伝に「桓《かん》（帝）霊《れい》（帝）の間、倭国大いに乱れ、更に相い攻伐し、年を歴て主なし。」とあるもので、この記述によると桓帝と霊帝の治世中である一四六〜一八九年の間に内乱があったことになる。七世紀中葉に魏徴《ぎちょう》によって撰述された『隋書』東夷伝もこれと同じである。今一つは、七世紀初葉に姚思廉《ちようしれん》によって撰述された『梁書《りようしよ》』東夷伝に「漢霊帝光和中、倭国乱れ、相い攻伐して年を歴たり。」とあるもので、この記述によると霊帝の光和年中、つまり一七八〜一八四年の間に内乱があったことになる。唐代に李延寿《りえんじゆ》の撰述した『北史』もこれと同じである。

三説とも内乱の時期を二世紀後半のこととしており、以下の叙述もこれに従うものであるが、何分にも卑弥呼の登場の時期とかかわるので、今すこし内乱の時期について述べておくことにする。『後漢書』の「桓霊間」の記述では内乱の期間が漠然としており、文字通りに解すると約四十数年の間、内乱が続いたことになる。だがこのように解釈する必要はない。後漢王朝が国内的にも周辺の諸種族に対しても支配権を確立していたのは、光武帝・安帝・順帝までの三代までであって、これに続く桓帝・霊帝の時代になると、鮮卑《せんぴ》・匈奴《きようど》・烏丸《うがん》・羌族《きようぞく》などの周辺諸種族の侵入が相いつぎ、国内でもこうした外敵に備えるための財政問題や、儒学者出身の官僚と宦官《かんがん》との政争（党錮《とうこ》の禁《きん》）があり、全体として著しく衰退している。とくに桓帝の延熹《えんき》六年（一六三）頃には、高句麗が楽浪郡に侵入して、楽浪太守の妻子を掠奪するという事件も起こっている。「桓霊の間」とは、後漢王朝が昔日の栄光を失って周辺の諸種族を後漢を中心とした国際的秩序のもとに組織できなくなった時期なのである。范曄はそうした全体としての東アジアの状況との関連で、「倭国乱」を位置づけたものとみてよいだろう。

『梁書』が「倭国乱」の時期を光和年中（一七八～一八四年）に特定している理由については明らかではない。予想されることは、撰者の姚思廉のもとに「倭国乱」の時期に関する何らかの史料が存在した可能性と、彼が「倭人伝」の記述を基礎に前記したような推定を行なって二世紀末葉のこととし、それに相当する年号として「光和中」を挙げたこととのいずれかであろう。次に述べる「中平刀銘文」との関係から、私は「倭国乱」の時期として「光和中」には一定の意味があるのではないかと推測している。

**中平刀と「倭国乱」**　一九六二年、奈良県天理市の東大寺山古墳から「中平」の年号をもつ金象嵌《きんぞうがん》の長さ一一〇センチメートルの鉄刀が発見された。中平とは、霊帝の治世の一八四〜一八九年の期間の年号である。東大寺山古墳は全長約一四〇メートルの前方後円墳で、四世紀後半頃に築造された。粘土主体部は粘土槨《ねんどかく》ですでに盗掘されていたが、碧玉製《へきぎょくせい》腕飾りや革製の短甲《たんこう》などが残されていた。粘土槨の東西に墓壙《ぼこう》が掘られ、豊富な武器・武具が埋納されていた。問題の中平刀は東側の墓壙から出土したものなのだが、環状の柄頭《つかがしら》が新しくつけられていた。この柄頭は三葉環頭《さんようかんとう》と称されるもので、埋葬の直前に着け替えられたと考えられている。問題の銘文は刀背にある。

中平□□　五月丙午　造作文刀　百練清剛　上応星宿　□□□□

第3字と第4字は錆《さび》のために欠け最後の4文字もはっきりしないが、残画と他の事例から「下辟《（避）》不羊《（祥）》」とあったものと推定されている。その意味は「中平□年五月丙午の日に、この銘文を入れた刀を造った。よく鍛えた鋼の刀であるから、天上では神の御意にかない、下界ではわざわいを避けることができる」というものである。文章の全体は「吉祥句《きっしょうく》」を主体にしたものだが、後漢王朝からの下賜刀であること、一八〇年代の中平の年紀をもつことから、従来からさまざまに議論されてきた。この中平刀が「倭国乱」終結後の「倭国王」の後漢王朝への遣使にかかわって「下賜」されたものであることは、まず間違いないと思われる。下賜されて後、約二百年を経て埋納されていることについては、おそらく下賜された人物とその子孫が権威の象徴として「伝世」したことによるものであろう。

ところで中平年間に「倭国王」が後漢王朝に遣使したということは、中国の史書にまったく記されていない。最近、金関恕はこの問題について興味深い説を述べている。それによると、この中平刀は、元来は、公孫度《こうそんたく》が「遼東大守」に中平六年に任命されたとき、霊帝から下賜されたもので、共立されて「倭国王」となった卑弥呼が公孫度の支配下にあった楽浪郡を通じて後漢王朝に使節を送ろうとしたとき、公孫度から与えられたものである、と。漢代の銘文をもつ刀剣の検討をふまえ、当時の東アジア状勢とそこでの公孫度の「独立王国」建設への志向性にも配慮した学説なのだが、やはりなお断案とはいえない。いずれにせよ、その下賜主体が後漢王朝であったか公孫度であったかに問題は残るが、内乱終結後の卑弥呼の使節が楽浪郡を通じて後漢王朝と接触しようとした際に入手したものであることは認めてよいと思われる。内乱は中平年間には終結していたのである。

なおこの中平刀が初期ヤマト王権の本拠である奈良盆地の東北部に近い地域に築造された東大寺山古墳から出土していること、またこの古墳の所在する地域が五世紀代に活躍する古代豪族の一つであるワニ（和珥）氏の本拠に比定されていることは、紀年銘の問題とは別に、内乱の地域的規模と邪馬台国の位置問題についても、大きな問題を投げ掛けていることに注意しておきたいと思う。

## 3 「倭国乱」と各地域の状況

**北部九州と「倭国乱」** 「倭国乱」の行なわれた二世紀末葉は、考古学では弥生後期後半・弥生V期と区分される時期に相当する。北部九州を中心に弥生時代の戦いを人骨・武器・集落形態等を基礎にしながら克明に追究した橋口達也によると、北部九州では、弥生中期までは甕棺に葬られた人骨や青銅製武器などの残存によって、戦いの諸相を具体的に辿りうるが、弥生後期以後になると、甕棺葬が衰退して人骨の残存状態がよくなく、また鉄製武器が普及するが、鉄は青銅とちがって酸化するために残りにくくなり、全体として後期以降の戦いの様相をそれ以前ほどには具体的に明らかにし難くなる、とのことである。こうした前提に立ちながらも、橋口は「倭国乱」について興味深い指摘を行なっている。

以上の指摘は、橋口自身も認めるように今後さらに具体的に論証されなければならない部分を含んでいる。だが、「倭国乱」の二世紀末葉の時期に集落が爆発的に平野部に増加することは、北部九州内部での戦争の痕跡の乏しいことと相俟《あいま》って、北部九州が主要な戦場でなかったことを示す有力な証拠である。さらにこの頃から北部九州のとくに伊都国の領域と考えられる地域に畿内や山陰の土器が流入していることは、たしかにそれぞれの地域との人的交流が活発に行なわれた証拠といえる。「倭国乱」の時期の北部九州の中心的な地域が、東方からの軍事的圧力に備えるための「後方補給」の役割を担った可能性は、確かに認められてよいと思われる。橋口の予想するように人的交流が伊都国で活発で奴国ではあまり行なわれなかったことが事実であるならば、そのことは内乱後の「倭人伝」に記されている伊都国の北部九州における特殊な地位を理解するうえでの重要な手掛りとなるものである。

**「倭国乱」と畿内**　それならば「倭国乱」の主要な舞台とその内乱に勝利した勢力はどの地域に求められるのであろうか。私は畿内とくに奈良盆地を本拠とする勢力に注目したい。率直にいって、弥生中期から後期の前半期（畿内でのⅢ・Ⅳ様式）に相当する紀元前後の畿内地域は、北部九州に比較すると、中国製の鏡その他の文物の保有量や、鉄器の普及においてあきらかに後進的な様相を示している。だが、一世紀頃には、最近、各地から検出されているように、北部九州に匹敵するような首長居館も営まれ、大規模な集落も出現している。これらのうち奈良県田原本町の唐古《からこ》・鍵《かぎ》遺跡と、奈良県桜井市の纏向《まきむく》遺跡は注目すべき内容をもっている。

**唐古・鍵遺跡について**　唐古・鍵遺跡は、戦前の発掘によって大量の土器と木製農具が出土し、小林行雄の緻密な土器の編年研究によって、弥生時代研究の基準となった遺跡として有名である。戦後、一九七七年から調査が始まり、多くの貴重な事実が明らかにされつつある。遺跡は約三〇万平方メートルで環濠をめぐらし、とくに中期には直径約四〇〇メートルの巨大集落を幅約一〇メートルの大環濠で囲い込み、その外にさらに三〜五条の環濠がめぐっている。この遺跡の特徴の一つは、他地域から搬入された土器の多いことで、中期初頭までは尾張《おわり》・三河《みかわ》を含む伊勢湾沿岸地域の土器、中期後半以後になると吉備《きび》をはじめとした瀬戸内地域の土器が目立つ。今一つの特徴は「絵画土器」の多いことで、なかでも中期後半（Ⅳ様式）の一世紀前半の壺形土器の破片には、中国風の二層の楼閣図《ろうかくず》が画かれていた。この楼閣は寄棟《よせむね》造りで、一層目には鳥がとまり、屋根の上と軒先の両端には渦巻《うずまき》状の棟《むね》飾《かざ》りがついている。この過巻状の棟飾りは、同遺跡の建物絵画にのみ見られるものである。

こうした同遺跡とその出土品からどのようなことがいえるのであろうか。この遺跡がとくに弥生中期の時期の奈良盆地の代表的な拠点集落で、厳重な防護施設をもつものであったことはいうまでもないが、その搬入土器のあり方からみて、中期初頭までは伊勢湾沿岸地域、中期後半以降は吉備をはじめとした瀬戸内地域と密接な関係を保持していたことが知られる。軍事的な見張り台的な意味をもつ高地性集落が、弥生中期にあたるⅢ・Ⅳ様式の時期に瀬戸内沿岸地帯に集中的に営まれていることからすると、この時期に畿内と瀬戸内地域との間に軍事的緊張関係のあったことが知られるのであるが、中期後半（一世紀代）以降になると、両地域の間で人の交流を含む平和的関係が生まれていたこと、こうした交流が畿内の本遺跡に吉備や瀬戸内地域の人びとがやってくるという形をもたらしていたことを示している。

絵画土器とくに楼閣図はさまざまなことをわれわれに語りかけている。こうした渦巻状棟飾りをもつ楼閣は、元来は中国で造営されていたものである。それと同様の図が描かれていることについては、この時期の本遺跡に中国風の楼閣が築造されていてそれを描いた可能性と、現実には楼閣は存在しなかったが、楼閣についての知識をもつ人物がみずからの知識によって描いた可能性の二つの場合が考えられる。いずれの場合にも、畿内の本遺跡の人びとと楼閣についての知識を持つ渡来人との交流があったことは確かである。弥生人の絵画が一般に実物の写生を基礎にするという傾向のあること、楼閣状建物が吉野ケ里遺跡の物見櫓などにみられることからすると、この図は当時、本遺跡に存在した楼閣を描いたものである可能性が高い。このことは、北部九州に対して後進的である畿内においても、大陸との人的交流を含む各種の交流があり、その文化を受容し、首長の権威をこうした楼閣という建物によって誇示していたことを物語るものといえよう。

**纏向遺跡について**　纏向遺跡は、唐古・鍵遺跡の東南約四キロメートルの地点にある巨大な集落である。同遺跡は三輪《みわ》山麓の初瀬《はせ》川の支流の形成した扇状地に広がる数カ所の遺跡からなり、約一キロメートル四方の面積を持つ。その存続期間は弥生時代末期から古墳時代前期にかけての約百〜百五十年で、この期間に集中的に繁栄した。この遺跡の近傍には、箸墓《はしはか》古墳を中心とする纏向古墳群や大《おお》和《やまと》・柳本《やなぎもと》古墳群などの、古墳時代前期の最大の古墳が築造されている。本遺跡の特徴は数多いが、なかでも、矢板を打ち込んだ長大な水路や、水の祭祀に用いられたらしい特異な浄化施設、「弧文円《こもんえん》板《ばん》」「弧帯石《こたいせき》」などの吉備地方にみられる直弧文《ちょくこもん》で飾った祭祀遺物の存在、東は関東から西は北部九州までの各地からもたらされている搬入土器の存在、さきの唐古・鍵遺跡などとは異なって防護用の環濠を持たないこと、現在までのところ竪穴住居がほとんど存在せず、建物は掘立柱あるいは平地形住居であったとみられることなどは注目すべき事柄であろう。

今後の調査の進展によってより多くの事実が明らかにされると思われるが、本遺跡が弥生時代終末期の畿内勢力の中心的位置を占める宗教的・政治的勢力の本拠の一つであったことは否定しがたい。その搬入土器の地域的なひろがりからすると、この時期の関東から北部九州にかけての地域とも密接な関係を持っていたことはあきらかである。また本遺跡がそれまでの弥生時代の集落とは異なって環濠を持たないことは特記すべきことで、本遺跡に本拠をもつ支配勢力は環濠という施設によることなく、自らの本拠の政治的・軍事的安泰をはかることができたことを示している。さらにその近辺に、現在「纏向形前方後円墳」と呼ばれている前方後円墳の祖型とみられている墳墓の集中すること、そしてこのタイプの墳墓が関東にも分布していること、最古の前方後円墳である箸墓古墳をはじめとした前期の大古墳の集中することも注意しなければならない。本遺跡を本拠とした勢力が、こうした弥生時代から古墳時代への大きな歴史の展開に主導的な役割を果たしたことは、おそらく間違いあるまい。卑弥呼の本拠をどの地域に求めるかは大きな問題であるが、本遺跡がその有力候補地の一つであることは確かであろう。

**物流システムと地域社会**　現在、弥生時代の戦いについては、ようやく本格的な研究が始まりつつある段階で、北部九州以外の地域での列島各地での戦いや、地域相互間の戦いの実態とその結果については、なおあきらかでないところが多い。松木武彦は、列島社会の発展過程のなかで弥生時代の戦争を問題とし、北部九州とはやや異なった畿内地域の戦いについて、興味深い問題を提起している。弥生前期から中期にかけての畿内では、約五キロメートル間隔で拠点集落が並立し、この時期の戦いはこうした拠点集落を中心とした集落的結合の強化と、そうした関係を相互に認め合う関係を生み出し、相互の間に互恵的な物資流通のシステムを形成した、とみる。北部九州の場合狭小な平野とそこでの人口増大の結果、そうした拠点集落相互間の戦いを通じて巨大集落が生み出され、集落相互の政治的・経済的な階層的統合が中小平野を単位にすすめられる。畿内の場合、弥生後期に鉄器が本格的に導入されたことからそれまでの集落相互間の安定的な互恵的な物資流通システムが崩壊し、人口増大にともなう土地資源の拡大をめざした集落相互間の戦いが進展し、集落相互間の統合や序列化が進められ、武力の統制と行使が首長の権威をささえる重要な要素となる、としている。

弥生中期までの畿内に北部九州と異なる体制や物資の流通システムの存在を考えようとする松木説は、なお論証すべき課題を残しているが、興味深いものがある。中期までに畿内的規模での物流システムがそれなりに互恵的に機能していた場合、後期での政治的統合も、そうした広範囲の相互関係を基礎にして、北部九州の諸「国」よりもより大規模な領域として実現されてゆく可能性をもっているからである。このことは畿内だけの問題ではない。前章で述べた特殊器台形土器・特殊壺形土器の分布する吉備や、四隅突出形墳丘墓を中心にした山陰地域などの、広地域にまたがる葬送儀礼を中心にした首長相互間の階層的な地域的まとまりが、なぜ可能であったのかを解いてゆくうえでの重要な視角ともなるからである。

**畿内と吉備・瀬戸内地域との関係**　ところで「倭国乱」に先立つ約百年ほど以前の後期前半、畿内でいう第Ⅳ様式を中心とした一世紀代に、瀬戸内を中心とした地域に「臨海性高地集落」が集中的に分布する。このことは、北部九州を通じてもたらされる諸物資、なかでも畿内地域でも本格的に利用しはじめた鉄器の獲得をめざして、畿内・瀬戸内地域の間に軍事的緊張が高まったこと、さらには、それまでそれなりに安定していた諸拠点集落相互間の関係が解体しはじめ、集落相互間の支配・従属関係を含む階層的秩序化が、武力衝突をも伴う軍事的緊張を背景にすすんでいったことを示唆するものと思われる。さきにみた唐古・鍵遺跡で中期後半以降に吉備地域や瀬戸内地域の土器が出土していることは、こうした軍事的緊張に伴う人の交流、さらにはそうした軍事的緊張を経て、畿内勢力と吉備・瀬戸内勢力の間に一定の平和的・同盟的関係が生まれたことを示すものとみてよいだろう。この畿内と吉備・瀬戸内の連合関係はその後も維持され、古墳時代前期までも持続することになる。そのことを象徴的に示しているのは、吉備地域に発生し発展した首長の葬送儀礼に用いられた特殊器台形土器と特殊壺形土器が、畿内に発生した古墳の構造物に取り入れられ、最古期の古墳に特殊器台形埴輪・特殊壺形埴輪となり、その後、それが円筒埴輪・壺形埴輪として古墳の不可欠の構造物になってゆくことである。「倭国乱」の時期に、畿内勢力と吉備・瀬戸内勢力の間には戦いがなかったとみてよいと思われる。

**銅鐸について**　二世紀末葉の「倭国乱」と何らかの関係をもつ遺物としては銅鐸《どうたく》がある。銅鐸は元来は楽器であるが、日本列島へは朝鮮半島で馬につけるベルのような小銅鐸が伝えられた。この銅鐸は、列島内では紀元前二世紀の終わりごろから近畿地方を中心に生産され、東は東海地方、西は北部九州でも作られており、山陰の島根県荒神谷遺跡からも出土している。銅鐸は音を奏でる祭りの道具として、水稲耕作の豊饒を祈ることに用いられていたようだが、紀元後一世紀末頃を境にして急速に大型化する。田中琢はこの変化を「聞く銅鐸」から「見る銅鐸」へと表現している。この「見る銅鐸」には、近畿式と三遠式《さんえん》の二種があり、それぞれの製作に用いられた鋳型が未発見であるために製作地を確定することはできないが、近畿式は近畿地方の中枢部にあたる大和《やまと》・河内《かわち》・摂津《せっつ》つまり奈良県・大阪府で生産されたもの、三遠式は濃尾平野で生産されたものであろうと推定されている。因みに三遠式とは旧国名で三河《みかわ》・遠江《とおとうみ》（現愛知県東南部と静岡県西南部）の地域から大量に発見されたことから名付けられたものである。

両者の分布をみると、近畿式は近畿一帯を中心として、東は遠江、西は四国東半、北は山陰の地域に、三遠式は、東は信濃《しなの》（現長野県）・遠江、西は濃尾平野をいちおうの限界とし、例外的に伊勢湾東部・琵琶湖東岸・京都府北部の日本海岸にそれぞれ分布する。それぞれの銅鐸は二世紀代に盛んに作られるのであるが、二世紀末葉の時期になると、それまで三遠式銅鐸を製作していた工人たちが、近畿式銅鐸の生産組織のなかに吸収され、銅鐸の生産の末期には近畿式銅鐸のみとなる。さらにこの最後の段階で銅鐸はもっとも大型化するのであるが、三世紀になると、それまで盛んに行なわれた銅鐸生産は、突然、行なわれなくなってしまう。

**近畿式銅鐸と三遠式銅鐸**　右のような近畿式と三遠式の銅鐸のあり方からどのようなことがいえるのであろうか。「聞く銅鐸」の段階での銅鐸は、それぞれの拠点集落からも出土しており、たしかに水稲耕作の豊饒を祈る祭器としての役割を担っていたとみることができる。だが、「見る銅鐸」の段階になると、それを主として生産したと推定される濃尾平野や近畿中枢部からの出土は少なくなり、それぞれの銅鐸の生産を掌握していた地域勢力の支配圏の周縁部に集中する傾向をもつ。とくに三遠式銅鐸が近畿式銅鐸の主として分布する近畿以西の地域にほとんど分布しないことは注目に値する。こうした分布形態から、春成秀爾は銅鐸は農耕の祭器から変質してそれぞれの銅鐸の生産を掌握している勢力の支配のシンボルとなり、彼らは自らの支配のシンボルとしての銅鐸を勢力圏の周縁にもっていってそれを中心に祭りを行ない、境界をあきらかにしたうえでその地に埋納した、という関係を想定している。

銅鐸は「見る銅鐸」の段階でも、北部九州の漢式鏡などのように個人の私有物や権力の象徴とはならず、集団としての祭祀のためのものであり、集団としての帰属意識をその祭りによって確認するた

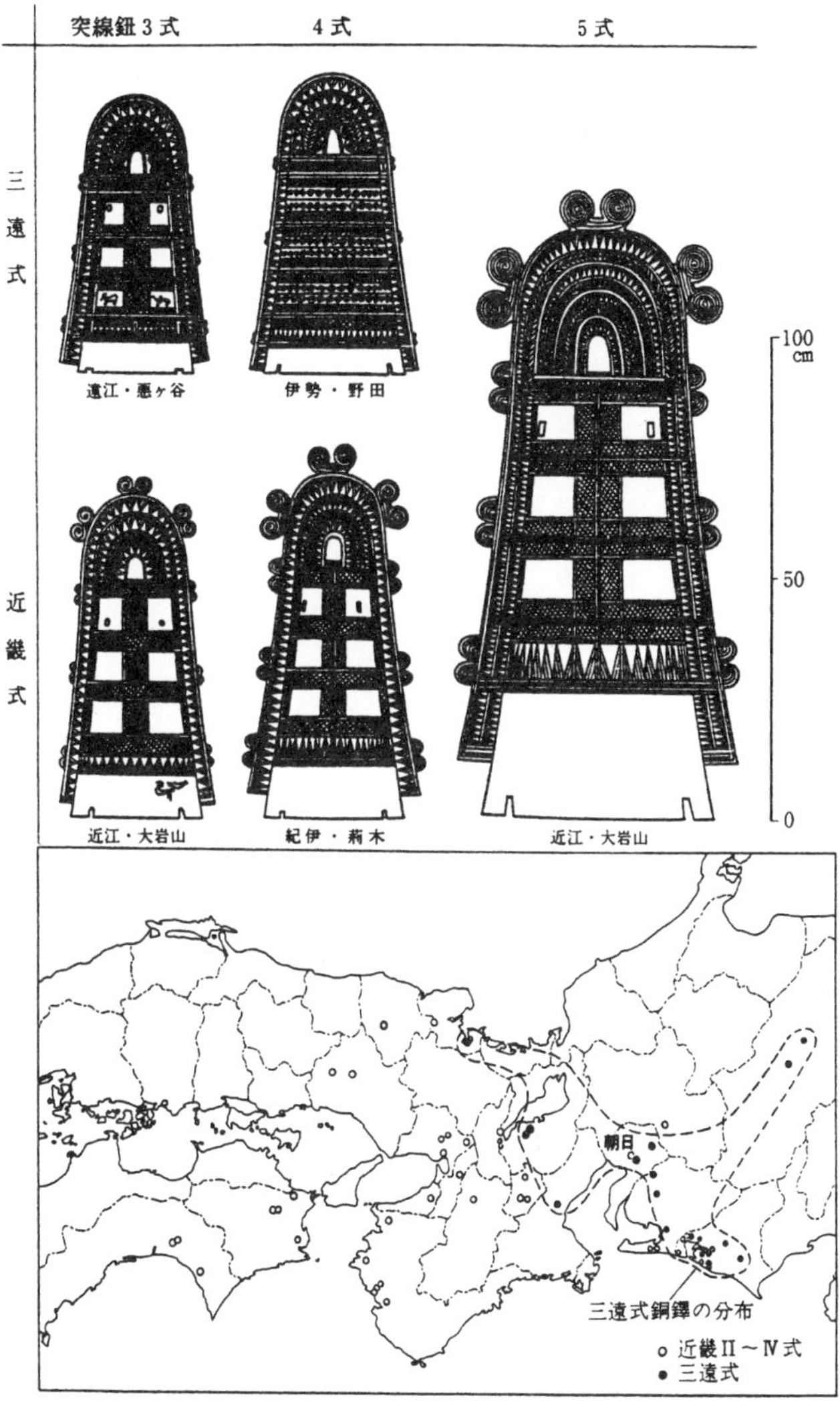


**近畿式銅鐸と三遠式銅鐸とその分布**（春成秀爾「最後の銅鐸」『邪馬台国時代の東日本』1991年、六興出版より）

めのものであった。近畿式や三遠式銅鐸の分布圏はすこぶる広大であり、その分布圏は前章に述べた「国」的な政治支配の単位としてはあまりにも広大であり過ぎる。右の分布圏は、銅鐸の配布関係に示されている当時の社会的分業のネットワークの範囲であることを基本に理解すべきものであろう。このことは、その分布圏が政治的関係と無関係であることを意味するものではない。それぞれの銅鐸配布の中心となった勢力は、それぞれのネットワークの組織化を通じて、各地域での「国」的政治集団の存在を前提としながら、そうした政治集団を越えた結合関係を、共通の形式の銅鐸を祭るということを通じて生みだされる帰属意識を媒介にして形成しようとしていた。それは「国」的結合とは異なるが、新しいより広域の政治的結合を生み出すための二世紀段階での動向を示すものであったのである。

二世紀段階での二つの銅鐸分布圏の存在を以上のように理解すると、二世紀末の段階で三遠式銅鐸が近畿式銅鐸に吸収され、その後、近畿式銅鐸のみが生産・配布されることは、濃尾平野を中心とした地域勢力が近畿勢力によって圧倒され、その社会的分業のネットワークのなかに包摂されたことを示すことになる。この過程が平和的にすすんだか、戦いによってもたらされたのかについては、現在までのところ明確な証拠はない。だが前述したきわめて厳重な防御施設をもつ愛知県朝日遺跡が弥生中期のみでなく後期のこの時期にも環濠を機能させていること、静岡県伊場《いば》遺跡をはじめとして、東海地方に環濠集落が急増していることなどからすると、やはり軍事的緊張が高まっていたことは明らかである。こうした事実から三遠式銅鐸の消滅にあたって、東海地方と畿内勢力との対立を軸とした「倭国乱」が存在したことを認めたいと思う。三世紀に入って近畿式銅鐸も生産をやめることは、卑弥呼の登場によって、政治的権威や集団の帰属意識そのものが革新されて、銅鐸配布を手段とすることが終わったことによるものとみるべきであろう。

**関東地方の環濠集落の推移**　車崎正彦によれば、関東地方の環濠集落は巨視的にみると次のような展開を遂げた。弥生前期には群馬県注連引原《しめひきはら》遺跡のような例外もあるがほとんどみるべきものはない。弥生中期後半になると南関東などの地域に爆発的に集落が拡大し、いくつかの拠点集落を中心に環濠集落が営まれる。だがやがて小規模集落が激増し環濠集落は消滅する。これと並行して地域的特色をもつ土器様式が小地域毎に出現しており、小地域毎の集団相互間に一定の社会的秩序が形成されたことを示し、それによって環濠を必要とするような軍事的緊張が一時的に消滅したことを物語っている。ところが弥生後期になると再び環濠集落が激増する。この時期に特徴的にみられることは、東海地方の土器が大量に移動していることで、相模《さがみ》（神奈川県）地域では尾張・三河、武蔵《むさし》（東京都・埼玉県）地域では遠江《とおとうみ》・駿河《するが》地域との関係が深い。後期の環濠集落の展開には、右にみられるような東海地方からの人の移動を伴う集落の増加による軍事的緊張が大きな要因であった可能性がある。こうした後期の環濠集落の解体後、首長層が集落から離脱して居館を構えるようになったと推察され、後期の軍事的緊張のなかから首長層が出現し、彼らを中心とした新しい秩序の形成が、環濠集落を終息させたものと考えられる。

右のような関東地方での環濠集落の展開過程が、それぞれの地域に西日本にみられたような「郡的規模」あるいは「令制国的規模」の「国」の形成をもたらし得ていたのか、それとも弥生後期においてもそうした政治的結合体を生み出すにはいたらなかったのかなどの問題については、なお今後の課題であるように思われる。だが弥生後期の段階で東海地方から大量の人びとが移住していることからみると、この時期の関東地方は全体として未開地を大量に残す新開地であり、まだ「国」の形成には至らなかったように思われる。つまり地域的な戦いが行なわれてはいても、列島的規模での「倭国乱」とは直接にかかわることはなかったとみるべきであろう。

注目されることは弥生後期の二世紀後半期に、南関東を中心にした地域で、それまでの石器から鉄器への移行がすすんでいることである。おそらくこうした変化には、前述した東海地方からの人の移動、つまり鉄器の使用をすでに日常化していた人びとの移住が大きな意味をもっていたことと思われる。その結果、二世紀末から三世紀の期間に関東地域でも鉄器の本格的使用が始まったわけである。

## 4　鉄の生産と流通

**列島内の鉄生産をめぐる問題**　北部九州から関東地方までが二・三世紀に鉄を日常的に用いはじめ

るようになると、その需要を満たすために莫大な鉄の供給が必要となる。こうした鉄はどのようにして供給されたのであろうか。現在、刀子《とうす》（小刀《こがたな》のこと）などの鉄器が初めて列島にもたらされた紀元前三世紀ごろから、列島内での製鉄炉が検出されている六世紀後半期までの鉄の供給に関しては、『三国志』韓伝に「弁辰」地域に産出する鉄を「韓・濊・倭」が取ったとあること、前期古墳の副葬品に弁辰地域で生産された鉄素材である「鉄鋌《てってい》」が大量に副葬されていることなどから、列島での鉄生産が本格的に開始される六世紀後半までの時期では、南部朝鮮からの輸入を主としていたとみる説と、そうした関係を認めながらも、それのみでは列島内の鉄需要を満たしえなかったとして、すでに弥生時代から、小規模ながら列島内で鉄生産が行なわれていたことを考える説とがある。

一般に鉄生産の開始時期の確定には、鉄器・製鉄炉・精錬滓《せいれんさい》（製鉄炉から出る多くの不純物を含む滓で、原料鉄から製品をつくる過程で生じた鍛冶滓とは、成分からいちおう区別されている）の三者が一体となって検出されることが必要とされている。列島の場合、鉄器は紀元前三世紀に、製鉄炉は六世紀後半に、精錬滓は五世紀代に存在する。精錬滓と鍛冶滓との区別には微妙な点もあるから、確実な証拠としては製鉄炉によらざるを得ないため、六世紀後半に製鉄が始まったことになる。そうすると紀元前三世紀から六世紀後半までの約九百年間、鉄器を使用しながら製鉄を行なわなかったことになる。この期間に各種の技術をもつ渡来人が南部朝鮮などから大量に列島へ渡ってきていることからすると、右の理解に不自然なところのあることは否定できない。やはり整備された製鉄炉によるものではなくても、小規模な製鉄が早い時期から行なわれていた可能性を認めておくことが必要であろう。

だが『三国志』韓伝の記述や、古墳時代の鉄鋌のあり方からみて、大量の鉄が南部朝鮮地域からもたらされていたことは確かで、弥生時代の鉄が南部朝鮮に大きく依存していたことは認めなければならない。鉄は武器・農具として、当時の人びとの日常生活のなかで大きな意味を持ちはじめていた。この鉄に対する需要に応える社会的分業のネットワークをどのように形成するかは、当時の倭人社会のなかでの大きな課題であったとみてよいと思う。

**鉄の需給システムについて**　南部朝鮮地域で生産された鉄は、列島各地にどのようにして供給されたのであろうか。地理的関係からすると、北部九州にまず伝えられ、そこから瀬戸内沿岸→畿内→東海→関東というルートがまず予想される。この地理的関係はたしかに基礎となるが、そのことは北部九州から遠くなるにつれて、供給量が減少するということではない。『漢書』の百余国、「倭人伝」の三十余国は、それぞれに南部朝鮮からの鉄の入手をも求めて、楽浪郡や帯方郡に通交していた可能性があり、各地域の有力首長層がそれぞれに独自に直接に南部朝鮮から鉄をはじめとした文物を獲得していたことは認めておく必要がある。日本海沿岸の出雲その他の地域では、とくにこうしたことが行なわれていたものと思われる。だが、そうした関係を認めたうえで、やはり北部九州地域が圧倒的に有利な立場にあったことは、この地域が他地域に先がけて鉄器の使用をはじめ、すでに紀元前一世紀の段階で武器や農具の鉄器化が一般的になりつつあったことに明らかである。列島内の諸地域では、北部九州の地域との関係のなかで、鉄の入手がはかられることになる。

列島内には、弥生前期以来、それまでの石器や塩あるいは青銅などの入手を可能にするための、諸地域間での首長相互の関係を基礎にした物資流通のネットワークが形成されていた。そうした地域的なネットワークのなかで、次第に中心的役割を担う首長勢力も誕生する。吉備の場合はおそらく現岡山平野の地域に本拠をもつ首長層であったと推定される。畿内の場合は、前述した奈良盆地の唐古・鍵遺跡、纏向遺跡に本拠をもつ首長勢力であったとみてよいと思う。それぞれは「郡的規模」の地域的政治結合体を超える、より広域にわたる地域の物流のネットワーク＝社会的分業のセンターとしての役割を担うことになる。

唐古・鍵遺跡の場合、中期初頭（紀元前一世紀の早い時期）に尾張・三河を含む伊勢湾沿岸地域の土器が搬入されていることは、それらの地域を含む人びとの往来という形で、社会的分業のセンターとしての役割を担っていたことを示すものである。中期後半（紀元後一世紀後半）以降になると、これに吉備地域や瀬戸内沿岸の土器が加わる。このことは前述のように「臨海性高地集落」の存在に示されるような軍事的緊張関係を経た後に、畿内勢力と吉備・瀬戸内地域との間に、一定の同盟関係が形成され、物流関係においても両者の間に一定の調整が行なわれるにいたったことを示すものであろう。

## 5 「倭国乱」についての小括

一世紀末ごろに急速に大型化した銅鐸は、濃尾平野を中心とする三遠式銅鐸と畿内を中心とする近畿式銅鐸を生み出し、それぞれに独自の分布圏を持つようになる。このことは濃尾平野を中心とする東海地方に、新たな社会的分業のセンターの出現したことを意味する。二世紀代に入って東海地方から新たな天地を求めて関東地方へ移住する人びとが増大し、濃尾平野を中心とする社会的分業のセンターの役割が大きくなる。二世紀後半期に三遠式銅鐸が近畿式銅鐸に吸収されて消滅するということは、畿内勢力があらためて東海地方をも含むより広範な地域での社会的分業のセンターとしての役割を担うに至ったことを象徴的に物語るものであろう。

だが全体として増大しつつある鉄需要、とくに関東地方での新たな鉄需要をも含めた物流センターとしての役割を担わなければならなくなった畿内勢力にとっては、それまでの物流体制の根本的な革新が必要であった。そのことは南部朝鮮からの鉄輸入の主要な窓口となっている北部九州地域を自らの支配下におくことによって果たされる。ここにそれまで同盟関係にあった吉備勢力とともに、東方から北部九州地域へ軍事的圧力をかけ、この地域を直接に支配する体制を創出することになってゆく。二世紀末葉の北部九州の東部の地域に、畿内・吉備などの東方との軍事的緊張に備えるための高地性集落が形成されていることは、こうした関係を物語るものであろう。

二世紀後半以降の関東地方への東海地方の人びとの進出が、鉄の需給関係をめぐる濃尾平野を中心とする勢力と畿内勢力との対立をもたらし、その対立が畿内勢力の勝利に終わったこと、その結果、畿内勢力が東日本全体に対する社会的分業のセンターとしての役割をも担うことになり、そうした役割を果たすために吉備勢力と結んで北部九州地域への直接的な支配関係の実現をめざすにいたること、このことが二世紀末葉の「倭国乱」といわれるものの内容だったのである。その意味では、「倭国乱」は鉄の流通関係を基礎とした倭人社会の社会的分業の新しいシステムを構築するという課題を担うものであった、ということができると思う。なお右のような畿内勢力の北部九州地域の制圧には、当時の後漢王朝が衰退していて、後漢王朝の国際的権威をも背景としていた「倭国王」の権威が、相対的に低下していたことも考慮しておく必要があろう。

こうした「倭国乱」の結果、畿内勢力の倭人社会全体に対する優越的地位が確立することになる。弥生後期末から古墳時代前期の時期を中心にした纏向遺跡から、それ以前の唐古・鍵遺跡にはみられなかった関東地方や北部九州地域からの搬入土器が存在すること、一方、北部九州とくに伊都国の領域を中心にした地域に畿内に始まる庄内《しょうない》式土器が出土していることは、こうした関係を示すものであろう。この場合、先進地域である北部九州からは、鉄のみでなく、各種の文物や思想が畿内にもたらされたことは充分に予想しうる。畿内の支配層はその権威の確立のために、そうした文物や思想を積極的に受容することになる。北部九州に盛んであったゴホウラ製貝輪の畿内への流入、鉄製武器や鏡を支配層の墳墓に副葬品として埋納することなどが、弥生後期末以後の畿内にみられることはそうした関係を物語っている。

「倭国乱」を経て畿内勢力は、東は関東から西は北部九州にわたる倭人社会の支配的地位を確立したのである。このようにみるならば、邪馬台国は畿内とくに奈良盆地を中心とした地域に求めるのが妥当であろう。

# 第五章　卑弥呼の王権について

## 1　石母田正の問題提起をめぐって

**石母田正の問題提起**　卑弥呼の王権に関しては、従来から数多くの研究が行なわれてきている。そうした研究の歴史のなかで卓抜な内容をもっているのは、石母田正が『日本の古代国家』（一九七一年岩波書店）で述べている王権論である。石母田は、卑弥呼の王権を総体として論じるとともに、彼女の王権の日本の古代国家の形成史のなかでの位置を明らかにしようとしている。その主要な内容は次の三点に要約することができる。

第一は、卑弥呼の王権を当時の東アジアの国際関係のなかで把握しようとしていることである。日本の古代国家の成立・展開を考えるにあたって、それぞれの時期の東アジアの国際関係を独立の契機または要因として把える必要があるという主張は、石母田の『日本の古代国家』の全体を貫いているものなのだが、「国家の端緒形態をなす邪馬台国の段階」（一三ページ）においても、国際関係が重要な役割を担っていたとし、卑弥呼の王権もこうした国際関係との関連で把握されることになる。

第二は、卑弥呼の王権が「二つの顔」を持つとしていることである。一つは、主として倭国内に向かってのもので、すこぶる未開的な風貌を帯びたシャーマンとしての顔であり、今一つは、魏をはじめとした対外関係にあらわれている開明的な外交を行なう「親魏倭王」としての顔である。さらに石母田はこの「二つの顔」は、卑弥呼が共同体の共同性を人格的に体現して代表する「アジア的首長制」を基礎にしていたことから生まれたものであるとしている。

第三は、こうした卑弥呼の王権のもとでの国家機構として「二つの官」の存在に注目していることである。一つは、諸国の「官」として「倭人伝」のあげる卑狗《ひこ》・卑奴母離《ひなもり》などの「官」であるが、これらはおよそ卑弥呼のもとでの国家機構としての「官」とは程違い存在である、とする。今一つは、一大率《いちだいそつ》と大倭《だいわ》で、これらは王権によって設置された国家機構としての「官」であるとする。さらに一大率が主として外交にかかわって魏をはじめとした外国と倭国との間に位置し、大倭が諸国の「市」を監督するという形で諸国間の関係の調整にあたる点に注目して、卑弥呼の段階での国家機構としての「官」が、いわば「境界領域」に設置され、広義の「交通」を支配する形になっていることを重視している。

以上のような石母田の卑弥呼の王権論は、日本古代の王権がどのような歴史的性格を持ちながら形成されてくるかという問題について、すぐれた洞察を行なったものということができる。本書は、実は右のような石母田説の批判的継承を意図したものなのだが、本章で対象とする王権論とのかかわりで、批判的継承のための視点として次の三つをあげておくことにしたい。

**王権を考える視覚について**　第一、石母田の場合、東アジアの国際関係を重視するという一貫した視角をもっており、卑弥呼の王権もこれとの関係で説かれるところが大きい。こうした視角が日本の古代国家の形成を解明してゆくうえで、重要な意味を持っていることは充分に認められる。だがその一方で、卑弥呼の王権が倭人社会のどのような矛盾のなかから生まれてきたのかという問題も、やはり重視しなければならない。このことは石母田の場合「国」についての分析が行なわれていないこととかかわっている。第三章で「国」の具体的な存在形態を取り上げ、第四章で社会的分業の展開との関連で「国」相互の関係を考えたのは、卑弥呼の登場を当時の倭人社会の内包していた矛盾との関係で把えることを意図したからであった。国際的契機はその社会に存在する矛盾と連動する限りにおいて、その社会の歴史の展開に画期的変化をもたらしうる。国際的契機を重視しながらも、それと当時の倭人社会内部に存在する矛盾との連動を考えるというのが、私の立場である。

第二、右の問題とも関連するが、石母田の場合、卑弥呼のシャーマンとしての「顔」について、外交面での開明性との対比で、その未開性を強調するという論調を持っている。「倭国乱」を経て「共立」された卑弥呼が、なぜシャーマンとしての性格を持たなければならなかったのかという問題は、彼女の王権自体の歴史的性格を理解するうえで重要な意味を持っている。シャーマンとしての「顔」をその未開性においてではなく、シャーマンであるが故に「倭国」の女王となりえたという歴史的関係のなかで把え直す必要がある。

第三、石母田の場合、卑弥呼の本拠である邪馬台国の位置についての積極的な論述はない。このことは位置論に終始して王権論さらには国家形成史のなかでの邪馬台国をあまり問題とはしない状況に対する一定の批判と、畿内説・九州説のいずれをとろうとも共通に考えるべき課題を提起しようとしたことによると思われる。それはたしかに一つの見識であった。だが三世紀代の卑弥呼の王権を具体的に考えようとする場合、やはり位置論をさけることはできない。前章で邪馬台国を畿内とくに奈良盆地とする説を主張したが、本章ではそれを前提にして卑弥呼の王権の古代国家形成史における位置について述べたいと思う。

以上、石母田説とその批判的継承についての三つの問題について述べた。以下、具体的な諸問題についで述べることにしたい。

## 2　王権の宗教的性格について

**「共立」の主体について**　卑弥呼は二世紀末の「倭国乱」の終結を期待した人びとに「共立」されて倭国王となった。この「共立」の主体については、倭国内の諸「国」の大人たちとする説と、邪馬台国の大人層とする説もあるが、すでに牧健二の指摘するように、二者択一的に考えるべきではない。

当時の諸「国」のなかで最大の勢力であった邪馬台国の大人層が、他の諸「国」の大人たちも承認しうる人物として卑弥呼を選び、諸「国」の大人たちもそれを認めるという関係であった、とみるのが妥当であろう。その「共立」の時期は「倭国乱」の決着をみた一八〇年代のことであった。前章での考察からすると、邪馬台国を中心とする畿内勢力は、すでに吉備・瀬戸内勢力と同盟関係にあり、東海地方をも勢力下に収めていて、倭国内の主導権を掌握しており、邪馬台国から「王」がえらばれることについて、諸「国」の大人たちの間にとくに問題はなかったとみてよいと思う。

## 「東夷伝」の「共立」との差

『三国志』東夷伝には、王の「共立」について三つの記述がある。一つは夫余《ふよ》の場合で、簡位居《かんいきょ》の死後、嫡出子である「適子《てきし》」がなかったので「孽子《げつし》」の麻余《まよ》を支配階級である「諸加《しょか》」が「共立」したとあるものである。孽子とは妾腹の子のことである。今一つは高句麗の場合で、伯固《はくこ》の死後、長子の抜奇《ばつき》が不肖の子であったため、「国人」が小子の伊夷模《いいぼ》を「共立」したとある。夫余や高句麗の場合、すでに王の世襲制が確立しており、王統のなかから適任と目されたものを支配層によってとくに選出したことを「共立」という用語であらわしている。

これらとやや事情を異にするのは韓族の辰王《しんおう》の場合である。辰王は馬韓五十余国と弁辰十二国の上位に立つ王で、馬韓中の小「国」である「月支《げつし》国」に本拠をもち、常に馬韓から選ばれて「世世、相い継ぐ」が、辰王は「自ら立って王となることを得」ないものとされていた。辰王選出に「共立」の文字はないが、馬韓と弁辰十二国の支配層による「共立」によって、辰王がえらばれていたとみてよいだろう。辰王の地位が月支国の王統による世襲制であったか否かはあきらかでなく、馬韓人が選ばれるとのみ記されていることからすると、その治所（王の居地）は月支国に置かれることになってはいるが、王統による世襲制ではなかった可能性がつよい。辰王の場合、自らのもとに領域支配のための何らかの官僚組織をもっていた形跡はなく、その地位は多分に名目的で栄誉的なものであったとみるのが妥当であろう。

卑弥呼の「共立」は右のような夫余・高句麗の「共立」や、辰王の共立的関係とあきらかに異なる。その「共立」には「倭国乱」終結後の倭人社会全体の新しい秩序の創出が期待されていたのである。

**卑弥呼の王権に関する記述**　「倭人伝」は卑弥呼について次のように記している。

鬼道に事《つか》え、能く衆を惑《まど》わす。年已《すで》に長大なるも、夫婿《ふせい》なく、男弟あり、佐《たす》けて国を治む。王となりしより以来、見る者少なく、婢《ひ》千人を以て自ら侍せしむ。ただ男子一人あり、飲食を給し、辞を伝え居処に出入す。宮室・楼観・城柵、厳《おごそ》かに設け、常に人あり、兵を持して守衛す。

**道教の影響の存在**　右の記述から、卑弥呼の宗教的性格についてはさまざまに論議されてきた。かつてはその鬼道を原始的なシャーマニズムと把えてきたが、最近では、重松明久らの提唱する道教的性格を重視する説が有力となっている。たしかに後漢末の中国では、張魯《ちようろ》の五斗米道《ごとべいどう》や張角《ちようかく》の太平道《たいへいどう》などの道教の流れを汲む新興宗教が盛んであり、そうした道教的教義を基礎とする新興宗教が倭人社会に伝えられ、一定の影響力を持った可能性は考えてよいことである。とくに伊都国に置かれた卑弥呼の官である「一大率」の官名が、道教の古典とされる『墨子《ぼくし》』の「迎敵祀」条の、城郭の四方を守る軍将である「大率」に由来することなどはそのことを示すものといえる。

## 「見えない神聖王」としての卑弥呼

だが卑弥呼の「鬼道」を右のような道教的鬼道とみることには、卑弥呼自体のあり方からすると、やはり問題がある。卑弥呼は王となってからは宮室の奥深くにあって、人前に姿をあらわさず、一人の男子が飲食を運び、また彼女の言を伝えるという状態であった。それは大林太良の指摘するように、未開社会にいくつかの事例のある「見えない神聖王」の一つの典型である。このような「見えない神聖王」としての卑弥呼の宗教的権威は、彼女のみが神と語り神の「おつげ」を人びとに伝えることができると人びとに認められていた、シャーマンであることに求めるのが、もっとも理解しやすい。たしかに「大率」が官名として採用されていることにみられるように、三世紀の倭人社会に道教の影響のあったことは認められる。また卑弥呼自身についても、彼女と関係の深いと考えられている三角縁神獣鏡《さんかくぶちしんじゅうきょう》の図柄に道教の神仙である東王父《とうおうふ》や西王母《さいおうぼ》などが描かれており、道教についての一定の知識や関心のあったことも否定できない。彼女自身の宗教のなかに道教的要素のあったことはおそらく確かであろう。だがそうした内容をもちながらも、卑弥呼自身の宗教的権威の本質は、やはり当時の人びとから偉大なシャーマンとして認められていたことに求めるべきであると思われる。あえていえば、それまでの倭人社会のシャーマンとは異なって、道教的要素を取り入れた新しいタイプのシャーマンであったことから、人びとの信望を集めたともいえるだろ

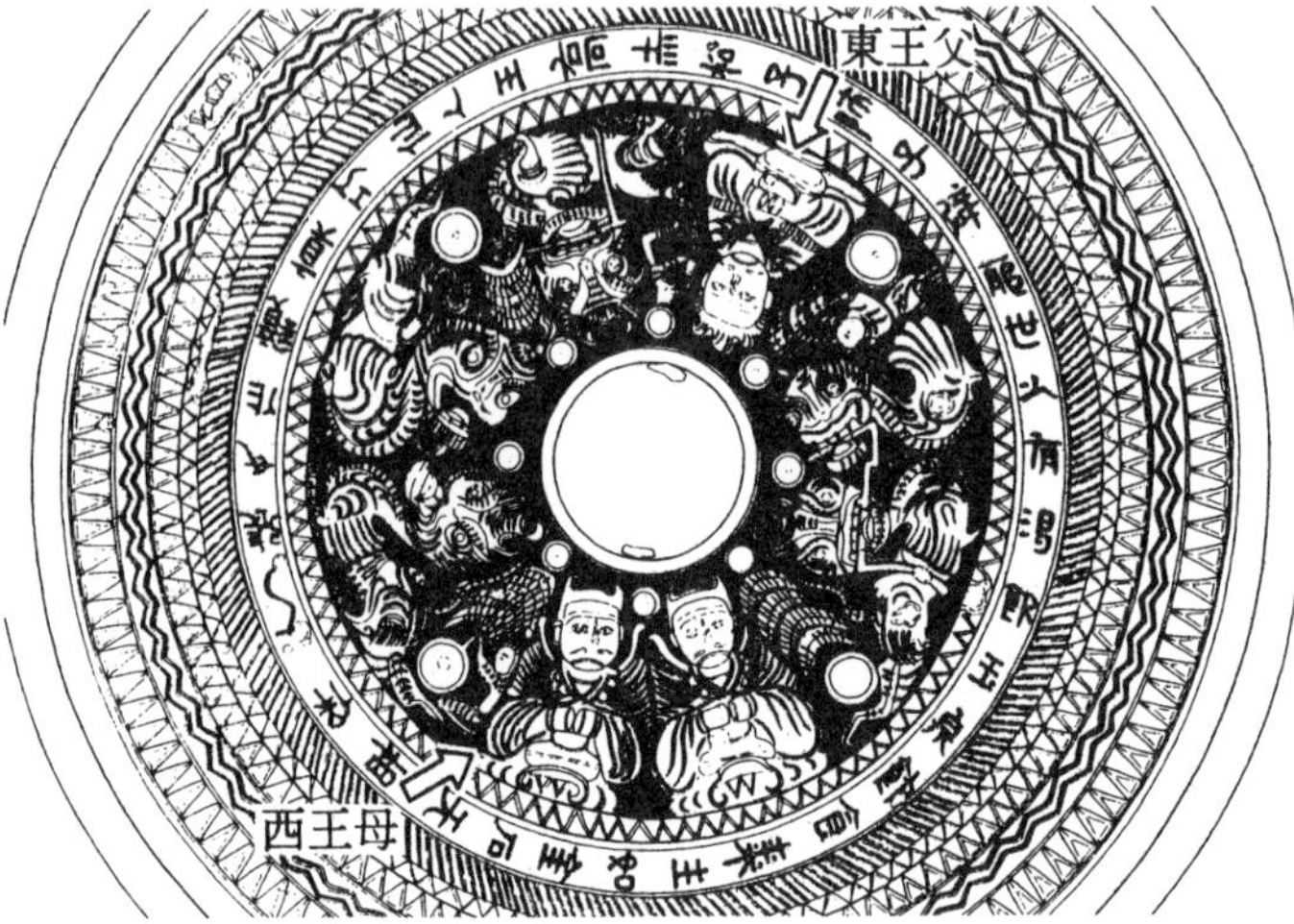


**三角縁神獣鏡**（『鏡の時代——銅鏡百枚』大阪府立近つ飛鳥博物館より。一部改変）

う。ともあれ、そうした宗教的資質が認められて、「倭国乱」後の倭国王として「共立」されたわけである。

**王権の二元性をめぐって**　卑弥呼の宗教的性格と王権との関係については、従来からさまざまな論説が行なわれてきた。なかでも興味深い見解を述べているのは大林太良である。大林は、卑弥呼の王権について、それまでの男性の王が宗教的権威と政治的権力を一体として保持していたのを分離し、偉大なシャーマンとして「見えない神聖王」となることによって、倭人社会に「神の平和」をもたらす宗教王となり、世俗的な政治権力を行使する男弟とは異なる存在として自らを位置づけた、とする。さらにこのような王権の聖俗分離について、かつての琉球王国に存在した宗教王であり女性である「聞《きこ》えの大君《おおきみ》」と男性である「国王」、トンガ王国の聖王である「トウイ・トンガ」と俗王である「ハウ」などの事例をあげている。琉球王国の場合を基礎に卑弥呼の王権を聖俗分離の関係で理解するということは、すでに三品彰英も行なっている。こうした王権の二元性については、ヒメ・ヒコ制その他の説もあり、最近の一般的な通説となりつつあるともいえるだろう。

だが、卑弥呼の王権を右のような聖俗分離にその特色を求め、二元的な王権の宗教的側面のみを担うものがあったとみることができるだろうか。そうではなく、もっとも宗教的で聖なるがゆえに、同時に最高の世俗的な政治権力を保持することができた、とみるのが妥当なのではあるまいか。「男弟」は「男王」ではない。男弟は彼自身が独自の世俗的権力を保持する存在なのではなく、卑弥呼の聞くことのできたと観念されていた「神の声」を忠実に執行することによってのみ、その地位の保障される存在でしかないのである。男弟は「見えない神聖王」として人前に姿を現わさない卑弥呼の代理であるにとどまり、卑弥呼とならぶ政治的権威を保持する「男」王ではないのである。その意味では、ある程度まで王権の二元性を制度化している琉球王国の「聞えの大君」と国王や、トウイ・トンガとハウなどとは異質な内容をもつところに、卑弥呼の王権の特質とその歴史的性格を求めなければならない。

**王権の宗教的性格のもつ意味**　卑弥呼の宗教的権威の根源は、道教的要素をも取り入れた新しい内容を備えた、彼女のみが「神の声」を聞くことのできるシャーマンである、というところに求められる。この場合、彼女が本当に「神の声」を聞いていたのか否かは問題ではない。彼女に独自の宗教的資質を認めていた当時の人びとが、そのようなものとして彼女の言葉を受けとっていたことが大切なのである。彼女のみが直接に「神の声」を聞くことができるということは、彼女自身が当時の倭人社会に存在する各種の伝統的習俗や価値観から、権威をもって離脱することを可能にする。この点で、前述した大人の権威のあり方とあきらかに異質である。大人の場合、現実には強大な権力を保持するが、黥面文身《げいめんぶんしん》の習俗の分析を通じて知られるように、大人自身も当時の「国」内の人びとと価値観を共有しており、それらから解放されたところに大人の権力の根源があったのではない。卑弥呼の場合、「神の声」を通じてそれまでの価値観から解放されているところに、その権威の根源が存在したのである。

前章までに述べたように、弥生時代の後期は、東海地方から北部九州にわたる列島の主要地域において、「国」を単位としたきびしい抗争と対立の時代であった。もとよりそれらの「国」を超えた物資流通のシステム＝社会的分業の体制もそれなりに存在していたが、「国」相互の間にその利害の対立を平和的に解決し調整するルールは確立されていなかった。こうした不断の対立と緊張と戦いが、一面では、当時の倭人社会に一定の刺激を与え、地域的な政治的統合を早熟的にもたらすこともあったが、こうした戦乱が倭人社会に不安と動揺や戦いによる死などのさまざまな悲劇をもたらしたことはいうまでもない。「国」相互の対立に水をかけ、相互の対立を解決するための新しいルールが必要だった。ここに登場するのが卑弥呼である。彼女のみが聞くことができるとされた「神の声」は、諸国間の対立を超越的権威によって解決するという意味を持っていた。つまり、卑弥呼の宗教的権威は、王権の聖と俗との分離を意味するものではなく、もっとも聖なるがゆえに、諸国間の対立を解決する最高の世俗的権威でもあるという関係にあったのである。三世紀前後の倭人社会の諸国間の対立と矛盾の激化が、宗教的権威と不可分に結合した世俗的権威という、新しい王権のあり方を生み出したのである。その意味では、諸国間の対立を平和的に解決する方法を持たなかった倭人社会が、社会そのものを解体に導かないために新しい王権の形態を生み出したといえるだろう。

**銅鐸祭祀の消滅**　こうした状況のもとで、それまで畿内地域を中心にひろくその周辺部に配置されていた近畿式銅鐸の生産も行なわれなくなる。銅鐸祭祀を中心とした集団の帰属意識の強調によって、広地域間での平和関係の維持をはかることの必要がなくなったからである。その意味で、卑弥呼の王権の出現は倭人社会の集団的な精神生活に新しい時代をもたらすものであったといえるだろう。

**王権の宗教的性格のもつ歴史性について**　右のような新しい王権のあり方を構想しその実現に主導的な役割を担ったのは、前述の「共立」の事情からもあきらかなように、邪馬台国の大人層であった。このことは充分に留意すべきことである。それとともに、約半世紀にわたってこうした王権を担いえたのには、卑弥呼自身の個人的資質も大きな意味をもつ。新しいタイプのシャーマンとしての卑弥呼の出現は、歴史にとって偶然的といえるが、そうした卑弥呼の存在を梃子《てこ》にして邪馬台国の大人層が新しい王権のあり方を創出したのは、歴史にとって一つの必然の過程でもあった。卑弥呼と大人層との関係は以上のように理解しておきたいと思う。

ところで右のような聖俗一体の新しい王権は、卑弥呼が当時の倭人社会のなかで偉大なシャーマンであると認められていた、彼女自身の個人的資質を前提として成立したものである。したがってそうした資質の認められていない男王に、彼女の王権は継承されない。「倭人伝」が、卑弥呼の死後に王となった男王に対して国中が服従せず、千余人が誅殺されたと記すのは、その間の事情を物語っている。その後、卑弥呼の一族の女性で十三歳の「壹与《いよ》(台与《とよ》か)」を王とすることによって「国中」が遂に定まったとあるが、このことは壹与に卑弥呼のもっていたシャーマンとしての個人的資質の継承が期待されてのことであった。当時の「王」に期待されていた諸「国」間の対立の解決という課題に対する方法としては、超越的神意による裁定という方法しか存在しなかったからである。

だがこうしたシャーマンとしての個人的資質に依存する王権の宗教的権威はすこぶる不安定である。王権の宗教的権威はより安定的に継承されることが必要だった。三世紀後半以降に始まった前方後円墳の築造とそれにともなう首長位継承儀礼は、こうした課題に応えるものだった。近藤義郎らが明らかにしているように新首長は旧首長の保持した偉大な首長霊を、古墳の築造とそこで行なう葬送儀礼によって、首長個人の宗教的資質にかかわりなく獲得して宗教的権威を保持することになる。だが卑弥呼の時代はこのような古墳の築造と葬送儀礼を媒介にして宗教的権威を獲得できる時代ではなかった。彼女自身のシャーマンとしての個人的資質に依存する形でのみ王権の宗教的権威が認められ、それを基礎にしてのみ世俗的権威と権力が保障される時代だったのである。

## 3　卑弥呼の外交

**「倭人伝」にみる卑弥呼の外交**　「見えない神聖王」としての宗教的権威とそれを基礎にして最高の世俗的権力を掌握する卑弥呼は、石母田正の指摘するように、三世紀の東アジアの国際状勢のもとで的確な外交を行なう「開明的な王」でもあった。こうした卑弥呼の外交が、彼女の王権をささえた邪馬台国の大人層たちのものでもあったことはいうまでもないところであろう。「倭人伝」に記されている限りでの外交の状況をみると、次の通りである。

二世紀末以来、遼東を中心とした東北アジアの地域に勢力を振っていた公孫氏政権は、景初二年（二三八）に魏の大軍を率いた司馬懿《しばい》によって滅亡させられる。翌景初三年六月に卑弥呼は帯方郡を通じて魏王朝に遣使している。「倭人伝」には景初二年とあるが、それが三年の誤りであることはすでに述べた。この遣使のタイミングは絶妙というほかはない。公孫氏政権は時には魏の宿敵である呉と結ぶなど、魏にとっては厄介な存在だったからである。公孫氏問題を解決した直後に、倭の使節が魏の首都である洛陽にまで出向いてきたわけで、魏王朝がその使節を丁重に扱い、卑弥呼に「親魏倭王」の称号を与えて好遇するのはありうることであった。このほか魏王朝の側で、倭国が呉に近い東方に位置する大国であるという認識があったことも、好遇をもたらす一つの要素であったことは、すでに述べた。

正始元年（二四〇）に帯方郡の官僚である梯儁《ていしゅん》らが魏王朝から賜与された諸物をもって倭国を訪れるが、卑弥呼はそれに感謝の意を表わす。正始四年（二四三）に卑弥呼はまた遣使している。正始六年（二四五）には、魏王朝から倭国の難升米に対して「黄幢」が帯方郡を通じて送られることになった。正始八年（二四七）、卑弥呼は帯方郡に遣使して狗奴国との戦争状態に入ったことを告げ、魏の国際的権威によって戦争を有利に導こうとしている。これに対して、魏は帯方郡の官僚である張政《ちようせい》らを派遣し、難升米に黄幢を与えるなどを行なって、卑弥呼の要請に応えている。この張政らの滞在中に卑弥呼は死亡している。

## 「倭人伝」には記されなかった卑弥呼の外交

「倭人伝」に記されている魏との通交関係の大要は以上の通りであるが、二三九年から二四七年の八年ほどの間の魏との通交関係はすこぶる頻繁であったということができる。こうした中国王朝との通交関係は、この時期に限られたものとみる必要はない。魏が公孫氏政権を滅ぼした直後の遣使や、狗奴国との戦争が始まると遣使していることなどからすると、倭国内での節目《ふしめ》となる変化や、東アジア状勢の変化に対応して、それぞれの時期に通交していたとみてよいと思われる。前章で検討したように、中平刀は、「倭国乱」平定後に行なわれた楽浪郡を通じての遣使によってもたらされた可能性が強い。また「東夷伝」韓伝に公孫康《こうそんこう》が帯方郡を新たに設置したことに関連して、「是の後、倭・韓、遂に帯方に属す」とあるのは、帯方郡の設置された建安九年（二〇四）に近い時期に、卑弥呼から帯方郡への遣使が行なわれたことを意味するものとみてよいと思う。卑弥呼はその治世の全期間にわたって、楽浪郡や帯方郡を通じて中国王朝や南部朝鮮地域との通交関係を保っていたのである。

## 外交の担い手たち

「倭人伝」は、使節として外交にかかわった人物の名を記している。景初三年の使節として難升米・都市牛利、正始四年の伊声耆・掖邪狗、正始八年の載斯烏越らがそれである。それぞれの人名は漢字で表記されているため、正確な和訓を下すことは難しい。最近、西村敬三・吉田孝は、都市牛利について、「都市」は「市」を統轄する官名とみる説を主張し、この「都市」の官名は「市」を監督する役割をもつと「倭人伝」に記載されている「大倭」の中国風の官名であったとしている。両者の説はおそらく妥当であろう。このことは卑弥呼の外交が、魏王朝からの各種の文物の取得に大きな期待を寄せていたことを物語るものといえるだろう。ともあれ、使者たちは中国王朝に対して、自らの倭国内の地位を大夫と称していた。大夫は中国の身分的称呼で、王・卿・大夫・士・庶に区分されるうちの第三位にあたる。彼らは邪馬台国の外交にかかわる大人たちであった。魏王朝が与えた彼らに対する官号は率善中郎将《そつぜんちゆうろうしよう》・率善校尉《そつぜんこうい》であった。大庭脩はこれらの官名について詳細な検討を行ない、「率善」とは中国に帰順しようとする性の「善」なる四夷を「率」いた四夷の長を意味し、「中郎将」や「校尉」はいずれも秦漢時代以来の武官の地位を示す官号であるが、魏の時代には多くの中郎将や校尉があって実質的には低い武官の名称となったこと、率善中郎将や率善校尉は魏の始めた周辺の蛮夷に対して与えられることになった称号で、魏の本来の官品ではない、としている。いずれにせよ倭国からの使節は、倭国内で大人クラスの地位にあり、魏王朝からは、名目だけにせよ、それなりの処遇を受けていたのである。

**難升米と黄幢**　右のうち難升米に関しては注意を要する。彼は魏への最初の遣使の代表となり、率善中郎将の官号と「銀印青綬」を与えられている。このことは正始四年の遣使の代表となった伊声耆も同様なのだが、その後、正始六年に「詔して倭の難升米に黄幢を賜い」帯方郡を通じてこれを授けると記され、正始八年に帯方郡から派遣された張政から、「詔書・黄幢」を授けられている。幢とは軍隊の指揮に用いる旗のことであり、黄色は、魏が土徳の王朝であることから「土」に因んだ黄色に染められたもので、黄幢とは魏王朝から正式に軍隊の指揮権を与えられたことをあらわすしるしである。

この黄幢は正始六年に難升米に与えることが決められたのだが、実際に彼に与えられたのは正始八年のことだった。なぜ二年間、帯方郡にとどめられていたのかについては諸説もあるが、井上光貞の推定するように、すでに正始六年の段階から卑弥呼と狗奴国との戦いが始まっており、そのことから魏では難升米に黄幢を授けることを決定したが、正始六年から七年にかけて帯方郡が高句麗・韓・濊などの攻撃を受けていたために倭国への遣使どころではなく、それの解決した正始八年になって張政らによってもたらされたものであろう。あるいは栗原朋信の説くように、この黄幢は最初は帯方郡の危機を援助する目的をもって難升米に授けられる予定であったが、後に目的を変更して狗奴国との戦いのために授けられたものであったのかも知れない。

いずれにせよ魏王朝が卑弥呼にではなく、難升米に直接に黄幢を授けようとしていることは注意を要する。魏からみて難升米は倭国の実力者と目されていた。おそらく難升米は卑弥呼の王権をささえる邪馬台国の大人の一人であり、彼らによって卑弥呼の外交が実質的に担われていたとみるべきであろう。卑弥呼の「開明的」な外交は、彼女一人によって行なわれたのではなく、難升米らの大人層によって推進されていたのである。

**中国王朝との外交をもつ意味**　ところで魏と倭国との外交は、倭国からの朝貢を基礎にしたもので対等な外交関係ではなかった。このことは景初三年の魏皇帝である斉王芳（少帝）が卑弥呼に与えた詔書の形式が「制詔」であったことに象徴的に示されている。大庭脩によれば、「制詔」は漢代から東晋にわたって九卿・京師の官・近侍の官などの任命に際して用いられた形式で、より上位の三公・諸侯王の任命には「策命」が用いられており、卑弥呼が親魏倭王に任じられながら策命でなく制詔の形式の詔書であったことは、東夷の王として中国内の諸侯王より一段下の待遇を受けていたことを示している。こうした関係にせよ魏王朝から親魏倭王として、その国際的地位が認められることは、卑弥呼および倭国の支配層にとって大きな意味があった。

一つには、こうした国際的地位が認められることによって、南部朝鮮地域との各種の交流を積極的に行なううえでの国際的な保障を得ることができたことがある。当時の南部朝鮮は、楽浪郡や帯方郡の存在にみられるように、中国王朝の影響下に置かれていたからである。南部朝鮮の地域は弁辰地域に産出する鉄をはじめ倭人社会にとっては先進文明の地であり、この地域からの鉄の獲得や先進文明の受容は当時の倭人社会にとって極めて大きな意味を持っていた。こうした南部朝鮮との各種の交流をすすめるうえで、魏との通交関係は是非とも実現しておく必要があった。公孫氏が帯方郡を置くとそれを通じて臣属し、公孫氏が魏によって滅ぼされると直ちに帯方郡を通じて魏に通交していることなどは、こうした関係を示している。

今一つは、倭人社会内部の諸「国」に対してのものである。親魏倭王の称号は、卑弥呼が倭人社会の全体に対して支配権を持つことを、魏王朝によって公認されたことを意味する。諸「国」の内部にまで立ち入った中央集権的な支配体制をもちえていない卑弥呼にとって、諸「国」の支配層に対して自らの地位の優越性を誇示するうえで、こうした国際的な支配権の公認はやはり重要な意味を持っていた。とくに魏王朝から下賜される各種の高級文物は、当時の人びとにとってそれを所有することが権威の象徴としての「威信財」でもあったことから、それを集中的に所有するとともに、その一部を配下の諸「国」の大人層に下賜することを通じて、卑弥呼の倭国王としての権威をあらためて確認させることともなった。

**三角縁神獣鏡について**　右のような「威信財」をめぐる問題で、もっとも論議の集中しているのは、三角縁神獣鏡をめぐっての論争である。この鏡を魏で製作されて卑弥呼に下賜されたものとみるのは、冨岡謙蔵に始まり、それを古代国家形成史の問題にまで発展させた小林行雄の一連の研究と、それを基本的に妥当とする田中琢らの人たちである。一方、これを倭国内での製作と主張するのは森浩一に代表される人たちで、王仲殊は呉の工人が倭国に渡来して製作したとする説を主張している。三角縁神獣鏡の製作地が魏であったか倭国内であったかをめぐる問題は、考古学の方法によって解決されるべきことで立ち入るつもりはない。だが今日までに発見されている同鏡の紀年銘が「景初三年（二三九）」と「正始元年（二四〇）」、それにすでに改元されて正始元年となっていて魏では用いられていない「景初四年（二四〇）」に限定され、卑弥呼の遣使の年代と密接にかかわる紀年銘をもつことは、やはり重要である。そのことはこの鏡が卑弥呼と密接な関係があったことを物語っているからである。その意味で、小林行雄がこの鏡を卑弥呼の鏡とし、その配布を受けた各地の有力層がしばらくの間は自らの権威の象徴として伝世し、やがて古墳に副葬されるにいたったとしていることは、あらためて重視してよいと思われる。そのことは卑弥呼の時代の階層的な支配関係の形成のあり方と、威信財の果たした役割についてのすぐれた洞察を含んでいるからである。

ともあれ、卑弥呼と邪馬台国の大人層は、楽浪郡や帯方郡を通じて中国王朝と通交関係を結んで倭国王の東アジアにおける国際的な地位を確立し、それによって南部朝鮮との各種の交流とくに鉄の獲得を安定させ、国内的には、国際的にその地位の承認された倭国王として諸「国」の支配層に対して優越的地位を占め、中国王朝から下賜される高級文物を威信財として自らが所有するとともに、その配布を通じて卑弥呼を中心とした階層的な政治的秩序の形成をはかろうとしていたのである。

## 4　一大率と大倭

**諸国の「官」について**　「倭人伝」には、八「国」についてその「官」が記されている。北部九州の諸「国」のうち末盧国にのみその記述はないが、そのことは「官」が存在しなかったのではなく、何らかの理由で脱漏したものであろう。その名称をみると、対馬国と一支国では長官を「卑狗《ひこ》」、副を「卑奴母離《ひなもり》」とする点で共通し、副に関しては奴国と不弥国もこれと同様であるが、長官の名称は異なっている。他の四国ではそれぞれ名称を異にし、「官」の数も伊都国では三種、邪馬台国では四種、狗奴国では一種である。このように「国」によって差のある「官」のあり方は、それぞれの「国」の政治的・社会的・歴史的事情から生まれたものであり、代表的首長とそれを補佐する役割を担った「大人」たちのあり方とその称号の差に由来する。これらの「官」は、その意味で卑弥呼によって設置または任命されたものではない。陳寿が倭人社会の「国」を代表する地位にあるものに対して「大人」という用語を用いたのも、当時の倭人社会に、夫余や高句麗のような政治的支配階級に対する「諸加」という用語や、韓族の場合に「王」に相当する地位にあったものに対する「臣智」というような、倭国内で「国」の差をこえて共通する用語がなかったからであろう。

**卑奴母離について**　例外は前記した四国の「副」について共通する「卑奴母離」である。これをヒナモリ＝夷守＝辺境の防備にあたる軍事官とし、王権または北部九州を政治的・軍事的に統轄した一大率によって任命された「官」とみる説もある。卑奴母離を外敵に対して防備にあたる軍事官とみることについては同意できるが、これを王権または一大率によって任命されたとすることには賛成できない。地理的に近接し相互にさまざまなかたちで交流することの多かった地域において、それぞれの「国」でほぼ同様の役割を担う地位にあるものについて、共通の称号が生まれることは充分にありうることだからである。この点で倭人社会と同様に小国の併

| 国名 | 官名 | | | |
|---|---|---|---|---|
| 対馬 | 卑狗 | 卑奴母離 | | |
| 一支 | 卑狗 | 卑奴母離 | | |
| 末盧 | | | | |
| 伊都 | 爾支 | 泄謨觚 柄渠觚 | | |
| 奴 | 兕馬觚 | 卑奴母離 | | |
| 不弥 | 多模 | 卑奴母離 | | |
| 投馬 | 弥弥 | 弥弥那利 | | |
| 邪馬台 | 伊支馬 | 弥馬升 | 弥馬獲支 | 奴佳鞮 |
| 狗奴 | 狗古智卑狗 | | | |

諸「国」の官名

立する韓族の場合が参考になる。「東夷伝」韓条によれば、馬韓に五十余国があるが、支配層である「長帥」のうち、勢力の大きいものは「臣智」、その次に位するものを「邑借」と称していた。弁辰十二国の場合、「臣智」―「険側」―「樊濊」―「殺奚」―「邑借」の五階層に、「渠帥」たちは階層づけられていた。これらの支配層の階層的な称号は、辰王あるいは帯方郡から任命または階層づけられたものではない。馬韓や弁辰での称号の共通性は、地理的近接と相互交流、さらには種族としての歴史の共通性などから生じたものとみるべきものであろう。この点からすると「卑奴母離」についての共通性は、同様の関係で理解するのが妥当であろう。ただし、この官が辺境防備の軍事官である場合、有事の際に一大率の指揮下に組み入れられることはありうることである。だがその場合でも、諸「国」で推戴されてその地位にあるものを、一大率が統轄するという関係となることはいうまでもない。

**一大率について**　「倭人伝」の記す諸「国」の「官」は、それぞれの「国」の内部事情を基礎とし、諸「国」の大人が「国」内の人びとによって推戴されてその地位につくもので、これらの「官」は卑弥呼の「倭国王」としての支配体制と結びつく「国家機構」としての「官」ではなかった。これに対し、一大率と大倭は卑弥呼の王権によって任命された派遣官であり、石母田正の指摘するように「国家機構の萌芽形態」としての意味をもつものであった。以下では「倭人伝」によってそれぞれの内容を略記して、私見を述べることにしたい。

一大率は伊都国に常駐して「女王国以北」の諸「国」を検察し、諸「国」から「畏憚《いたん》」される存在であった。陳寿はこれを中国の「刺史《しし》」のようなものだと注釈している。刺史は前漢の武帝の頃から州に一名ずつ派遣された地方行政の長官であるが、後漢の霊帝の頃に軍事権も掌握する官となり、魏においても州内の行政と軍事を掌握する最高の官であった。この「大率」という官名が、道教において古典とされている『墨子』の「迎敵祀」条に記されている四方を守護する軍将の名に由来することは、さきに述べた通りである。このことからすると「大率」が正規の官名で、それが一人いることから「一大率」と記されたとみることができるのであるが、本書では通説に従って一大率と記述している。こうした官名が採用されていることから知られるように、一大率は北部九州地域を行政的のみならず軍事的にも統轄する任務をもつ卑弥呼の派遣官であったわけである。

一大率の今一つの重要な任務は、卑弥呼の行なう外交に関する実務を厳格に監督し実行することである。「倭人伝」のこの部分の文章は三品彰英の指摘するように難解な部分もあるが、次のように理解しておく。「卑弥呼が使節を魏の都である洛陽や帯方郡や諸韓国に派遣するときや、帯方郡からの使節が倭国にやってきたときには、一大率は必ず港に出向いて、伝送されてきた文書や贈られてきた物品を厳格に点検し、女王のもとに間違いなく届くようにする」。このように理解すると一大率は、卑弥呼の命をうけてすべての外交実務を伊都国で掌握していたことになる。

以上のように一大率が北部九州地域の諸「国」の動静を厳重に監視してこの地域の政治的・軍事的権限を掌握し、外交実務のすべてを取り仕切っているのは、この地域が伝統的に朝鮮・中国との交流の拠点として重要な意味をもっていたことと、倭国としての外交を卑弥呼のもとに一元的に掌握することを意図していたからであった。「倭国」としての外交の一元化ということは、王権の公的権威を確立するうえで大きな意味をもつからである。

**大倭について**　大倭についての「倭人伝」の記述はすこぶる簡単である。「国国に市あり、有無を交易す。大倭をしてこれを監せしむ」とあるのがそのすべてである。この文章には主語がなく、大倭が誰に任命されてその職務を行なったのかは明らかではないが、陳寿にとって自明の主語は省略されたとみるのが妥当で、その任命者は倭国王としての卑弥呼であったと理解すべきものであろう。また「大倭」という言葉自体についても諸説もあるが、前記のように「市」を監督する任務をもって卑弥呼によって任命された官であるとみておきたい。

元来、「市」は日常的な物資の交易の場であるとともに、すでに早く西村真次の指摘しているように、古代においては刑罰その他の公的な行事の行なわれる場でもあった。このような日常的な交易の場でありそれぞれの地域社会での公的行事の行なわれる場でもある「市」は、もとより「国」の広狭によってさまざまな形態を取ったと考えられるが、本来は「国」の大人によって管轄されるのを通例としたとみるべきであろう。「国」内部に存在するすべての「市」に卑弥呼の官である大倭が配置されたとは考えがたい。大倭の監察する「市」とは「国」のなかで特別の意味をもつ中心的な「市」であったとみるべきであろう。

このことは、当時の交易を含む社会的分業のあり方をどのような内容のものとして理解するかという問題にかかわっている。すでに述べたように、奴国の場合、その「王」の本拠と推定される須玖・岡本遺跡には、金属生産にかかわる工房址が集中していた。そのことは「国」の中心的支配層の居住する場が、「国」内さらにはより広い地域での社会的分業のセンターであったことを示している。奴国の場合ほどではないが、有力首長の居住する拠点集落あるいは巨大集落に手工業生産の工房址の存在する事例は、次第に増加しつつある。最近、巨大な高床式建物の検出された大阪府池上《いけがみ》・曽根《そね》遺跡からは、鋳物工房域・サヌカイト剥片《はくへん》の集石跡（石器生産の場）や、赤色漆《うるしぬ》塗り土器・イイダコ壺四十数個体などが検出されており、鋳物師・石器工人・土器製作の職人が集住していたことを示すとともに、それらの生産物の流通センターとしての役割を果たしていたことが明らかになっている。つまり、それぞれの地域社会＝「国」での首長的秩序の中心に位置する首長＝大人の居住する集落が、その地域での社会的分業のセンターとしての役割を果たしていたのである。こうした関係からすると、大倭の監察する「市」とは、それぞれの「国」の大人の本拠である巨大集落＝「国邑」に存在する「市」であったとみることができる。他の地域からもたらされる諸物資は、まず「国邑」の「市」に集中し、そこから「国」内の各地の「市」に流通するという関係になるわけである。

**大倭の「監」の対象**　大倭の派遣された「市」を右のような「国邑の市」と理解した場合、彼は何を「監」するのか。このことについての確かな文献史料はまったくない。だがすでに多くの人びとが推定しているように、当時の倭人社会での需要が高く、列島内での生産がなかったわけではないが、南部朝鮮の弁辰地域からの供給に大きく依存していた鉄が、その主要な対象の一つであったことは、まず間違いあるまい。前章では、二世紀後半期の関東地方での開発の進行と鉄の需要の増大という新しい事態が、鉄の需給体制の再編成をうながすことになり、それをも一つの引き金にして「倭国乱」が行なわれたのではないかとした。乱の終結後、そうした鉄の需給関係を列島的規模で再編成することは、卑弥呼の王権にとって是非とも行なわなければならない事柄であった。大倭という「官」の創設とそれによって諸「国」の市を監察するということは、こうした課題に応えるものであったわけである。

今一つの物資は「威信財」である。当時の倭人社会においては、高度な技術をもって生産された精巧な文物は、単なるモノではなく特別な霊威の宿る神聖な憑代《よりしろ》であり、それを所有することは所有者自身の権威と権力の象徴でもあった。「倭人伝」に記されている魏皇帝の卑弥呼に対する「制詔」のなかに、特に卑弥呼の「好物」を賜与して、それらを「国中の人」に示して、魏国が卑弥呼を大切に扱っていることを知らしめよ、とあることなどはこうした関係を物語るものである。この点からすると威信財としての高級文物の無秩序な流通や交易は、威信財の保持によって視覚的にも確認される政治的秩序の破壊につながることになる。大倭はこうした関係から威信財の無秩序な流通を抑制する役割をも担って、「国邑の市」を監察したと考えてよいと思う。以上のようにみるならば、大倭は諸

「国」の日常的な生活物資の交易全体を監督するものではなく、鉄と威信財という限られた対象を「国邑の市」で監督し統制する存在だったと理解することができる。

**小括**　以上のように一大率と大倭の任務を理解すると、これらの「官」は、卑弥呼の王権が公的な外交権を独占し、南部朝鮮その他から流通する鉄や威信財を自らの支配下に置く目的をもって、設置されたということができる。このことはその一方で諸「国」や列島内の人びとが比較的自由に南部朝鮮の地域と交流していたことをも物語っている。「韓伝」弁辰条に「国、鉄を出す、韓・濊・倭、皆、従いて之を取る」とあるが、この「倭」は鉄を求めて渡った北部九州をはじめとした列島各地の人びとであろう。また「倭人伝」の冒頭に、陳寿は「今、使訳通ずる所、三十国」と記している。この記述から「倭国」内の三十国がそれぞれに帯方郡と通交していたとまではいえないが、卑弥呼の登場以前、とくに内乱などの時期に、北部九州をはじめとした沿岸地域の諸「国」が鉄や威信財を求めて南部朝鮮の地域と交流することは、充分にありえたとみなければならないだろう。たしかに、一大率と大倭は、石母田正が指摘したように、外交と社会的分業という広義の「交通」を王権が独占的に支配するために設置されたものであった。そのことは倭人社会全体に対する支配的地位を保持するうえで、卑弥呼の王権にとって重要な意味を持っていたのである。

## 5　卑弥呼の最期

**狗奴国との戦い**　「倭人伝」は卑弥呼の治世の末年に行なわれていた狗奴国との戦いについて次のように記している。正始八年（二四七）、卑弥呼はかねてから狗奴国の男王の卑弥弓呼と不和であったが、使節として載斯烏越らを帯方郡に遣わして、狗奴国との戦闘状態について報告させた。帯方郡の太守である王頎《おうき》は郡の属官で塞曹掾史《さいそうえんし》の地位にいた張政らを派遣した。張政らは詔書と黄幢を倭国にもたらし、これを難升米に授け、さらに檄文《げきぶん》をつくって告喩《こくゆ》した、と。「倭人伝」はこれに続けて卑弥呼の死について述べており、狗奴国との戦いがどのように推移したかについての記述はない。だが、その後、男王が立って内乱がおこったこと、壹与が王となることによって国内がおさまったことなどを記すことからみて、狗奴国との戦いが邪馬台国にとって有利な結末となったものとみてよいだろう。

この狗奴国との戦いについて注意すべきことは卑弥呼の側からの報告もあってのことではあるが、魏の側で卑弥呼を支援する行動を直ちに起こしていて、その意味では倭国内の内乱であるにも拘らず、国際的な拡がりをもっていることである。このことは、当時の魏王朝の倭国の地理的位置についての認識が、朝鮮半島の南北に連なる列島というもので、魏ときびしく対立する呉に近い東方海上に位置するというものであったことと関係するものであろう。魏がとくに卑弥呼に対して親魏倭王という破格の好遇を与えたことが、右のような倭国の地理的位置についての魏王朝の認識にあったことについては、すでに述べた。ただしその支援の内容が、詔書と黄幢を難升米に授けて激励するという、いわば名分上の支援にとどまっていて、具体的な軍事的意味をもっていないことも、あわせて注意しておく必要があるだろう。

卑弥呼の倭王としての倭国支配が、倭国内の「国」の存在を前提としながら、倭国内で最大の勢力をもつ邪馬台国を基礎として、外交権の独占と鉄や威信財の物流のネットワークの統制を行ない、「見えない神聖王」としての宗教的権威をもって諸「国」間の諸対立を調整し裁定するという内容をもっていたことについては、前節までに述べた。その限りでは、諸「国」の内部に対しては「国邑の市」の監督を行なうにとどまっていて、それぞれの「国」内に自らの勢力を扶植し拡大するという内容を持ってはいない。その意味では、倭人社会のなかに生まれた新しい政治権力ではあるが、倭国の全体を卑弥呼の支配領域として直接に支配するものではなかったのである。

卑弥呼の王権による支配のもとで、その王権の権威と前述のような支配体制を認める限り、諸「国」は、それぞれの大人による支配体制を強化することや、独自の文化をそれなりに展開させることも可能であった。卑弥呼の時代である三世紀前後の時期に、吉備地域で特殊器台形土器や特殊壺形土器を基礎にした首長層の葬送儀礼が展開し、楯築墳丘墓のような大規模な墳墓を築造する有力首長を中心にした首長連合が形成されていることや、山陰地域を中心に四隅突出形墳丘墓が発達して西谷三号墓などの大規模な墳墓が築造され、しかも楯築墳丘墓を営んだ吉備勢力との間に一定の「外交関係」を一時期には持ちえていることなどは、そのことを示している。卑弥呼の時代は、諸「国」の独自の文化や大人の支配権の発展や強化のはかられた時代でもあったのである。

右のような倭国内の諸「国」の状況のもとで、卑弥呼の王権はより大きな権威を必要とすることになる。その場合、卑弥呼のみのもつ「親魏倭王」としての国際的地位は、やはり大きな意味がある。それがたとえ名分上のものであろうとも、卑弥呼の王権にとって魏王朝の支持と支援を得ることは、やはり必要なことだったのである。狗奴国との戦いにあたってこれを魏に報告し、その名分上の支援を受けていることは、右のような事情を物語るものである。

卑弥弓呼の率いる狗奴国が卑弥呼と不和であったことは、卑弥呼の時代の諸「国」が大人層を中心にして結束を強めていたことの一つの表われである。吉備地域などの場合は、卑弥呼との友好関係を維持しながら「国」の発展をはかるというものだったが、狗奴国の場合は友好関係の否定という方向に向かった。なぜ狗奴国はこうした選択を行なったのであろうか。「倭人伝」はこうしたことについて何事も語っていない。以下、狗奴国の位置問題を中心にして理解するところを述べることにする。

**狗奴国の位置をめぐって**　「倭人伝」は狗奴国の位置について、卑弥呼に統属する二十九国をあげたあとに「其の南に狗奴国あり」と記している。したがって狗奴国をいずれの地に求めるかは、邪馬台国の位置をどの地に求めるかによって、当然、諸説に分かれることになる。現在のところ、九州説では邪馬台国を筑後国（福岡県）山門郡に求める説が有力であるが、この説では、狗奴国はその南の肥後国（熊本県）に求められ、その官名「狗古智卑狗《くこちひく》」を「菊池彦《きくちひこ》」とし、後世の肥後国菊池郡の地名に因んだ官名または人名であろうとする。一方、邪馬台国を畿内とする説でも狗奴国の地をこれと同様に考える説もある。前掲の「倭人伝」の文章のなかの「其《そ》の」を卑弥呼に統属する国の最後に記されている「奴《な》国」とし、この奴国を北部九州の奴国の重出とみて、奴国の南方に狗奴国の地を求めるものである。これとは別に狗奴国を関東地方の古墳文化の一つの中心地であった毛野《けぬ》国（群馬県・栃木県）に求める説もある。そこでは奴国の地を信濃国（長野県）伊奈郡に比定し、その東方の毛野国のケヌとクナとの類音性を重視する。このほか天竜川以東の静岡県地域の久能《くの》・久努《くぬ》の地名を重視し、この地域に狗奴国を比定する説もある。最近、山尾幸久は地名のみでなく、古代氏族の存在や考古学の成果をもふまえて、狗奴国天竜川以東説をあらためて主張している。

**戦いの原因と狗奴国の位置**　率直にいって、以上のような狗奴国の位置比定には、それぞれの根拠も挙げられてはいるが、問題も多くなお確定とはいえない。以下の私見も一つの仮説にすぎないが、一案として述べておくことにする。邪馬台国畿内説に立ち、二十九国の末尾に記されている奴国を北部九州の奴国の重出とみない私見からすると、狗奴国は九州以外の、畿内より東方の地に求めることになる。この場合、前章で述べた「倭国乱」との関係からすると、濃尾平野を含む東海地方がもっとも可能性の高い地域となる。弥生後期の卑弥呼の登場直前に存在した三遠式銅鐸の分布と、関東地方の開発にこの地域からの人びとの移住が活発であったことを重視するからである。「倭国乱」の結果、この地域は畿内勢力のもとに統属する。このことは、前述のように三遠式銅鐸の工人が、最末期の近畿式銅鐸の製作集団に吸収されていること、さらに卑弥呼の地位の確立してくる三世紀初頭の段階で、銅鐸生産そのものが消滅していることに象徴的に示されている。だが、その後も関東地方への東海地方からの移住はひきつづいて行なわれており、関東地方での開発に東海地方の人びとは大きな役割を果たしていたものとみられる。その結果、「倭国乱」の終結後に成立した鉄の流通を中心とした物流のネットワークにおいて、東海地方の勢力はあらためてその再編成を求めることになる。卑弥呼と卑弥弓呼との不和＝対立は、こうしたことを背景にもってのものであったと考えることが必要なように思われる。

その場合、狗奴国の本拠を東海地方のどの地域に求めるかが問題となるが、関東とくに南関東地域の土器様式の親疎関係からすると、天竜川以東の東遠江の地域が有力となる。だが、同様に南関東の土器との関係も密接で、三遠式銅鐸の主要生産地と推定され、とくにその後の古墳時代前期に見るべき古墳の築造されていない濃尾平野の地域も有力な候補地の一つとなる。北部九州の場合、橋口達也の指摘によれば、一大率が設置されるなど卑弥呼の王権と密接な関係にあった伊都国の領域に前期古墳が濃密に分布するのに対して、かつては北部九州一帯の金属器生産の中心であった奴国の地域には、前期古墳の見るべきものがほとんど存在しない。東海地方の場合、天竜川以東の磐田市には一一〇メートル程の銚子塚古墳や松林山古墳などの前期古墳が存在する。こうした関係からすると、白石太一郎の主張するように卑弥呼と対立した狗奴国の所在を濃尾平野の地域に求めることも可能である。現在の段階では東遠江と濃尾平野の二つの可能性を認めるにとどめておくことが妥当と思われる。その場合「クナ」の地名に拘わることは出来る限り慎重であることが望ましく、三世紀中葉を中心にした時期の考古学的事実の一層の解明を第一義とするべきであると思う。クナの地名に拘わる限り、それを各地域に比定しうることは、この問題に関する研究史の示すところだからである。曖昧なようではあるが、弥生時代後期の関東地方の開発の進展に果たした東海地方の役割を重視し、鉄をはじめとした新たな物流のネットワークの再編成をとくに東海地方の勢力が求めていたとみて、卑弥呼と狗奴国との対立の原因をこうした関係に求め、狗奴国の本拠が東海地方にあったとする仮説を提示しておきたいと思う。

## 卑弥呼の墓について

「倭人伝」は、卑弥呼の死について「大いに冢を作る、経百余歩。徇葬する者、奴婢百余人」と記している。晋尺の一尺は約二四センチメートル、一歩は六尺であるから、百余歩は約一五〇メートルの径をもつ墳墓であったことになる。この数値に誇張があったとしても巨大な墳墓であったことは確かであろう。百余人もの奴婢が殉葬されたとの記述についても、果たしてどの程度の事実を伝えるものであったのかについては、問題もある。だが『日本書紀』垂仁三二年己卯条に、殉葬を禁じて埴輪を立てることにしたとの伝承が記されていること、同大化二年（六四六）三月甲申詔中のいわゆる「薄葬令」のなかに、殉葬・殉死等を禁じた項目のあることなどからすると、貴人の死に際して殉死を当然とするような習俗の存在したことは認めてよいと思われる。

卑弥呼の墳墓について、古くは最古の古墳とされる墳丘長二七六メートルの奈良県桜井市に所在する箸墓《はしはか》古墳とする説があり、現在でもそのように考えている人びとも少なくない。だが、特定の古墳が特定の個人の墳墓であったということは、余程の根拠がない限り断定はできない。とくに三世紀中葉、二四七〜八年に死亡した卑弥呼の墓が、墳形その他からあきらかに定形化した最古の前方後円墳である箸墓古墳であったということは、古墳時代の始まった時期の問題ともかかわっていて、やはり慎重に考えるべきことがらである。古墳時代のはじまりを何時頃に求めるかという問題をめぐっては、かつては三世紀末から四世紀初頭の頃に求める説が有力であったが、最近、より早い時期に求めようとする傾向が強くなっている。もし定形化した前方後円墳の出現を三世紀中葉期に求めることが出来るとするならば、箸墓古墳を卑弥呼の墓とみることも可能であるかも知れない。

**前方後円墳と「纏向型」墳墓**　古墳とくに前方後円墳について明確な定義を与えたのは近藤義郎である。近藤は前方後円墳を構成する諸要素が弥生時代後期の各地域の墳丘墓のなかに準備されていたことを認めながら、それらの諸要素を総合し飛躍させて、一定の型式を創造していることを重視する。墳丘の斜面を蔽う葺石の祖型は山陰地方で発達した四隅突出型の墳丘墓の貼石《はりいし》に、円丘ないし方丘の一または二の突出部をもつ墳形は吉備や播磨の山陽東部に、特殊器台形・壺形埴輪の祖型は吉備に、鏡の副葬は主として北部九州で行なわれていたが、古墳とくに前方後円墳はこうした地域的特色をもつ埋葬形式を総合し飛躍させて創造された統一的・画一的な墳墓であった。近藤は成立期の前方後円墳をそれ以前の弥生墳丘墓と区別する特色としてとくに次の三点を重視する。(1)鏡の多量副葬指向、(2)長大な割竹形木棺、(3)墳丘の前方後円形という定型化とその巨大性。

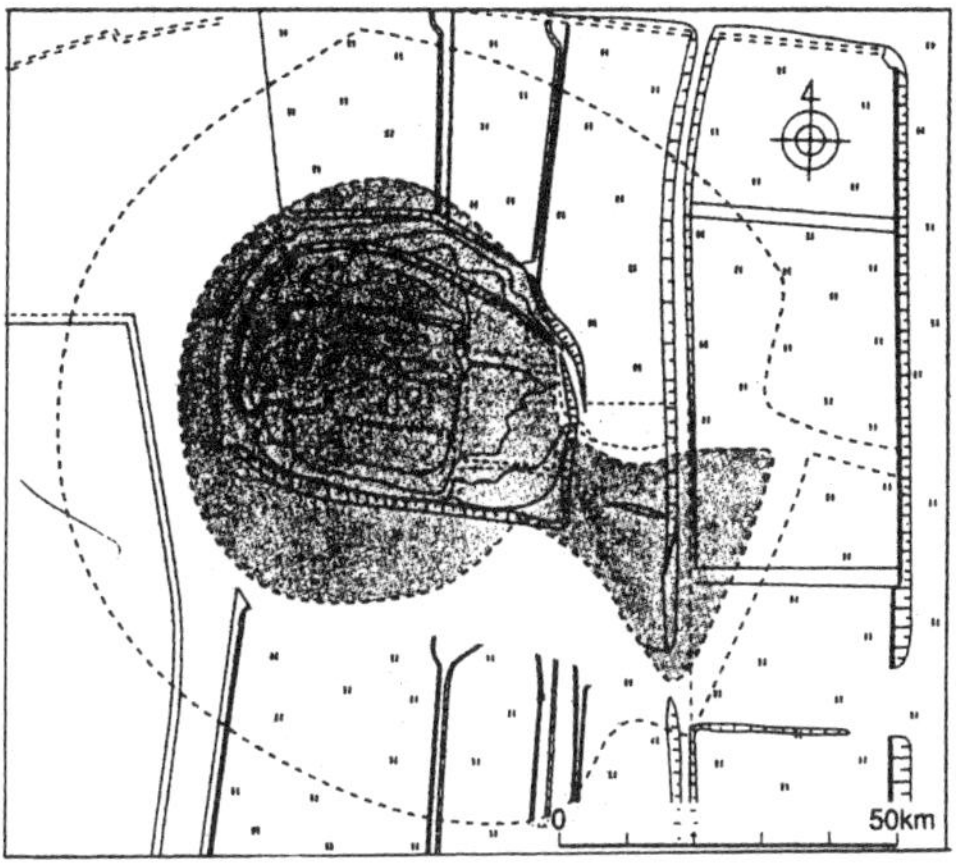

**纒向石塚の墳丘復元図**（田中琢『倭人争乱』1991年、集英社、209ページより）

古墳とくに前方後円墳が以上のような特色と歴史性を持ちながら奈良盆地の東南部にまず箸墓古墳として出現し、その後、それまでの各地域の特色をもった弥生墳丘墓を消滅させて、各地域に波及していった。従来、こうした前方後円墳成立との関係でいわゆる「纒向《まきむく》型」前方後円墳が注目されてきた。その最初の事例となったのは纒向石塚である。奈良県桜井市に所在する東西五九メートル、南北四五メートルの不整円形の主丘に、主丘の径の約二分の一の長さの前方部をもつ全長八八メートルの墳墓で、前

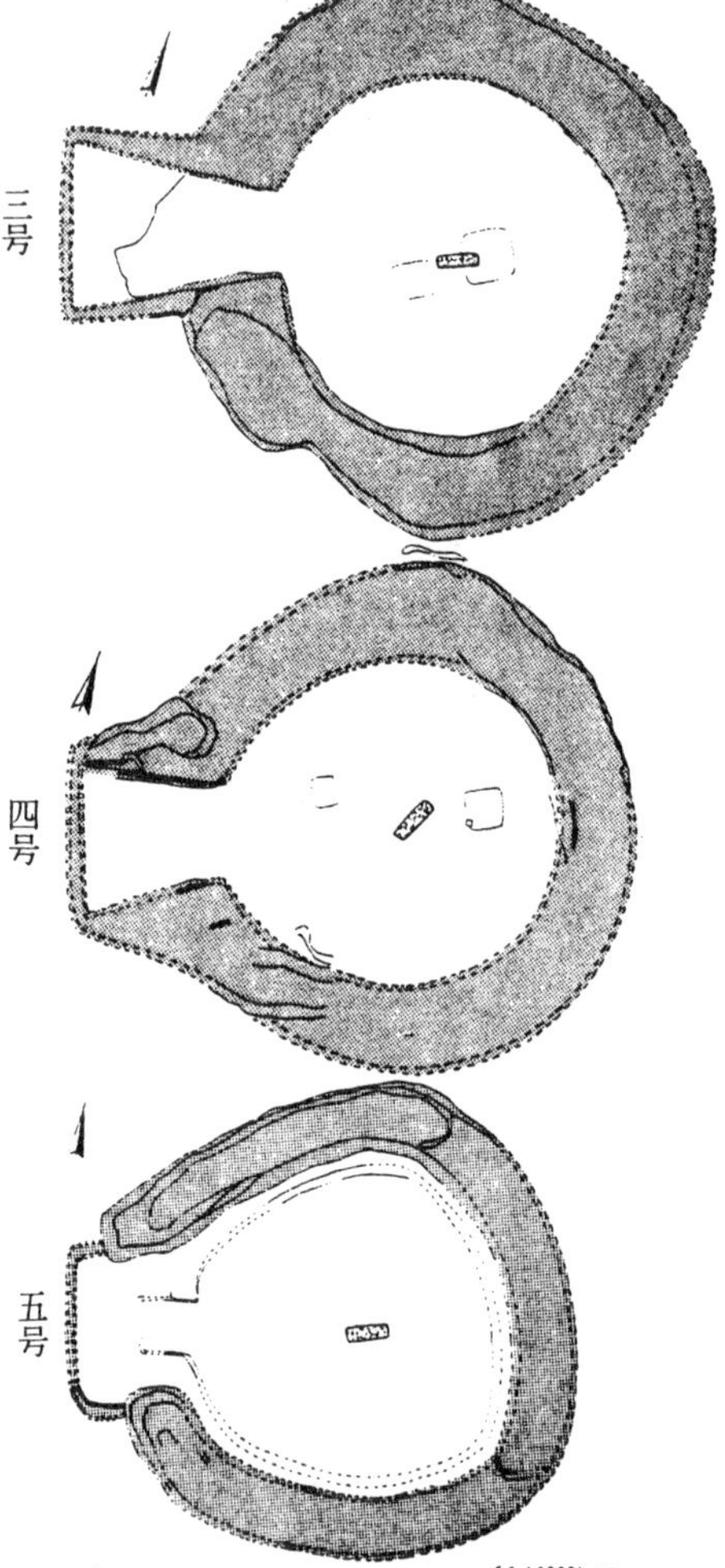


**神門3，4，5号墳**（田中新史「神門三・四・五号墳と古墳の出現」歴博フォーラム『邪馬台国時代の東日本』1991年、六興出版、131ページより）

方部は三味線《しゃみせん》の撥《ばち》のように開いており、周囲に周濠をめぐらす。内部主体や副葬品はあきらかでないが、周濠の底部付近から弥生後期最末期から古墳時代初頭の土器が出土している。興味深いことは纒向石塚と類似する墳型をもつものが、関東地方の千葉県市原市の市原台地上に、神門《ごうど》三〜五号墓として築造されていることである。田中新史によれば、三基とも墳丘径三〇〜三五メートルで前方部があり、五号→四号→三号の順に三代継続した地域首長墓群で、その築造時期は三世紀中葉前後の約半世紀の期間とされている。纒向石塚とほぼ同時期である。これらはともに主体部の構造や副葬品などが明確ではなく、一つの型式をもった墳墓とみることには問題も残る。

最近、近藤義郎は「宮山型特殊器台」を中心にして最古期の前方後円墳について詳細な検討を行ない、これまで箸墓古墳に先行し、定型化以前の前方後円墳でその祖型を示すとみられていたいくつかの墳墓について、いずれも箸墓古墳に先行するものではなく、同古墳によってはじめて定型化する前方後円墳の影響のもとでの、それぞれの個性的な模倣として築造されたものとみるべきことを主張している。近藤の問題提起によって、前方後円墳の成立をめぐる研究は新しい段階を迎えたということができる。こうした前方後円墳の成立事情に関するより厳密で包括的な考古学研究の進展のなかで、卑弥呼の墓をめぐる問題も明らかにされてゆくことと思われる。

# 終章 「卑弥呼の時代」の歴史的位置

本章では、前章までに述べた「卑弥呼の時代」について、日本における古代国家形成史との関連で、その社会構成史上の位置について述べたいと思う。

**首長制の成立** 卑弥呼の時代の社会関係の基礎は、弥生時代を通じて形成された首長を中心とする支配・隷属の関係にある。一般に原始社会における支配・隷属の関係は二重の道すじを通って形成されるものであるが、日本の弥生時代もその例外ではなかった。第一の道は、共同体の諸機能が、その執行を共同体から委任された首長による共同体支配の手段に転化するという内容のものである。共同体の存続にあたっては、特定の個人にその執行を委任しなければならない共同体にとっての公共的な業務がある。共同体の内部での紛争を解決すること、個人の越権行為の防止、水稲耕作にとって不可欠の意味をもつ水の確保と管理、共同体の精神的な一体性を保持するうえで重要な意味をもつ宗教・祭祀の機能、さらに他の共同体に対して共同体の利益を代表して各種の交渉を行なうこと、などはその主要なものである。

これらはいずれも本来は共同体の存続にとって必要な公共的機能であるが、その機能を委任された個人は次第に権威をもつようになり、やがてその機能を人格的に体現する首長となり、これらの公共的機能を共同体支配の手段とし、自らの首長としての支配的地位を確立してゆくことになる。こうした関係を通じて、当初は「敬意の贈物」として首長に贈られていた剰余生産物を、恒常的な貢納物として私有することになる。第二の道は生産諸力の発展によって経済的な支配階級が生まれ、自らのもとに奴隷を所有するにいたることである。この二つの関係は、世界史的にはそれぞれの地域において異なる結合の形態をもつが、弥生時代の場合、第一の道が中心となって展開して行ったと理解するのが妥当であろう。

**首長制と集団関係**　右のような首長を中心とした支配・隷属の関係は、拠点集落を中心とする分枝的集落の結合という形態をもった氏族的結合体、さらにいくつかの氏族的結合体によって構成される「郡的規模」の部族的結合体、いくつかの地域では、部族的結合体のいくつかによって構成される「令制国的規模」の部族同盟的結合体を生み出す。この場合、もっとも基礎となった集団は、「郡的規模」の部族的結合体であり、「倭人伝」の記す「国」の多くはこうした部族的結合体であったとみることができる。こうした全体としては三つの規模をもつ集団間の社会関係は、具体的にはそれぞれの集団を代表する首長相互の階層的関係として形成される。北部九州地域では巨大集落を本拠とするもっとも有力な首長が「国」の支配層となる。このようなそれぞれの集団の中心となる首長は、それぞれの集団内における社会的分業のセンターとなり、自らの集団内では生産できない各種の物資、たとえば塩・青銅・鉄などを他集団の首長との関係を通じて獲得して集団成員に供給することや、金属器などの製作の工房を自らのもとにおいてその製品を集団内、あるいは集団外の需要に応えるなどの役割をも果たしていた。

**戦争の二つの要因**　ところで右のような首長を中心とした社会関係が形成される弥生時代は、同時に戦争の時代でもあった。この戦争には大別すると次のような内容がある。一つは、農耕にかかわる生産諸力の発展によってもたらされる人口増加にともなうもので、より多くの可耕地を自らの集団の領域としようとすることから生まれるものである。この戦いは、当然のことながらさまざまな集団のレヴェルで行なわれたと考えられるが、卑弥呼の時代においては、この種の戦争は、本格的開発の進行中であった関東地方を除く東海地方から北部九州にかけての地域では、「国」という集団を生み出し、そのことによって「国」の領域内部においては基本的に終了していた、とみてよいと思う。卑弥呼の時代の領域をめぐる戦争は「国」相互間にあり、そのことが「国」の戦士としての男子の「文《いれ》身《ずみ》」の習俗を生み、また「国」の支配者としての「大人」の強大な権限をもたらす原因になっていたわけである。

今一つの戦争の原因は、社会的分業の果実とくに弥生時代を通じて列島的規模で必要とされるにいたった鉄の需給関係をめぐる紛争である。列島内での鉄生産が行なわれていなかったわけではないが、朝鮮南部地域からもたらされる「弁辰の鉄」に大きく依存していた倭人社会の首長層にとって、より多くの鉄を確保することは自らの集団の発展をはかるうえで重要な意味を持っていた。旧石器時代の石器の原料となるサヌカイトの需給関係にみられるように、各地域にはそれぞれの物資の有無を互いに補うための社会的分業のネットワークが存在しており、相互に必要とする物資を交換しあう関係は、戦争という形を取ることなく日常的に存在していた。鉄もまたこうした分業のネットワークを通じて、列島内に粗密の差はあっても、流通したことと思われる。

問題は、鉄の主要な供給が南部朝鮮からのもので、列島内では北部九州を主要な窓口としていたこと、さらに武器や農具の鉄器化は、北部九州では早くから進んでいたが、畿内・瀬戸内・東海さらに関東の地域では弥生中期後半以降に急速に展開したことである。鉄需要の急速な拡大は、それを必要とする地域勢力の側からの、それまでの需給システムの急激な再編成の要求をもたらすことになる。この急激な再編成は、平和的方法によるだけではなく軍事的衝突や緊張をも伴いながら行なわれ、その勝利者に需給システム再編成のヘゲモニーをもたらすことになる。

弥生中期後半期の畿内・瀬戸内地域に高地性集落が激増していることは、この時期の両地域の対立関係とその結果としての連合関係の成立、それによる北部九州地域との緊張関係の存在を示すものであろう。二世紀後半の「倭国乱」や卑弥呼の時代の狗奴国との対立が、関東地方の開発の進行に深くかかわっていた東海地方の勢力と、この時期には本州の主要地域の需給システムのヘゲモニーを掌握していた畿内勢力との対立を軸として行なわれたと考えることについては、すでに述べた。卑弥呼の王権が一大率と大倭を通じて外交と社会的分業という広義の「交通」支配に努めていたことは、右のような社会的分業とくに鉄の需給関係のシステムの掌握とかかわるものなのである。こうしたシステムがそれなりに倭人社会の需給関係に応えている限りでは、平和が維持されていたわけである。

**卑弥呼の時代の歴史的位置**　「卑弥呼の時代」の社会構成を以上のように理解すると、この時代の国家形成史上の位置はどのように考えることができるのであろうか。こうした問題を考えるキーポイントとなるのは卑弥呼の王権の位置づけであろう。

卑弥呼の王権は、倭人社会に存在する「国」を単位とした地域集団相互の対立と矛盾を解決する役割を担って登場した。「見えない神聖王」としての宗教的権威によって諸対立を権威をもって裁定し、その一方で倭人社会を代表する「倭国王」として中国王朝からその国際的地位を承認され、それを基礎にして外交を含む対外交通の独占をはかり、さらに倭人社会の物流のネットワークを再編成する役割を果たした。その限りでは眼に見える団体として倭人社会を総括する役割を果たしたといえるだろう。だが王権自体は卑弥呼の個人的な宗教的資質に依存するもので、こうした資質を持たない男王には継承されないということに見られるように、すこぶる不安定なものでしかなかった。

こうした王権の不安定性の最大の原因は、王権が倭人社会の全体を領域として支配する体制を持ちえていないことにある。それぞれの地域は大人の支配する「国」であり、大人の支配下にある領域であった。卑弥呼の「王」としての地位は、その登場が大人層による「共立」という形をとっていることにみられるように、大人層の卑弥呼に対する人格的な従属的同盟関係の存在によるものであり、それ以上のものではない。大人たちは、卑弥呼からその「国」の支配を委任された官僚ではなく、また卑弥呼の承認によって大人としての地位を得たものでもない。彼らはそれぞれの地域社会から生まれた「国」の自立的な支配者であった。卑弥呼が大人層に分与した鏡などの威信財は、自立性をもつ大人層が従属的同盟関係にあることを確認または承認する手段であって、それ以上の意味を持つものではない。卑弥呼が自らの官僚として設置できたのは、石母田正がいみじくも指摘しているように、「境界領域」を支配する一大率と大倭だけだったのである。

王権と古代国家の成立との関係は、やはり王権が倭人社会の全体を自らの領域として支配することに求めなければならないだろう。そのためには、王権への服属を第一義として、それぞれの地域の支配層の自立性を何らかの形で制限ないしは否定して、王権の領域支配に奉仕する関係のもとに置くこと、あるいはそれぞれの地域に王権に直属する拠点的な場や勢力を配置することなどが必要となる。卑弥呼の時代以後の古墳時代の王権はこうした課題を担い、古代国家形成に主導的な役割を果たしてゆく。その過程は、倭人社会の内部から生まれた王権を中心とする支配層が、社会から疎外された国家権力を創出し、軍隊・警察・監獄などの各種の公的強制機関や租税や官僚たちを生み出してゆく過程でもあった。こうした古代国家は、古代天皇制を中心とした律令国家として、七世紀末から八世紀初頭の時期に完成することになる。卑弥呼の時代は、その王権や官僚のあり方において国家の端緒的要素を生み出してはいるが、本格的な国家形成以前の、未開社会末期に位置づけることができるのである。

# あとがき

本書執筆の最初の機縁をつくってくれたのは、亡友の板谷《いたや》紀之《としゆき》君である。板谷君とは青少年期に四年半にわたって陸軍の学校で生活を共にした。お互いに全く性格が違うにもかかわらず、不思議にウマの合う親友だった。戦後、彼は映画監督の道を進み、会う機会は全くなかったが、三十数年振りに再会したことから交友が復活した。当時、彼は教師の側からみた望ましい教育の姿を描いた名作「教育は死なず」制作のあと、父親・母親が子どもの教育にどのようにかかわることが望ましいかという問題についての映画制作の準備をすすめていた。彼はその三部作のあとに卑弥呼の映画化を予定しており、そのときの協力を求めてくれた。私は喜んで承知し、それまで避けていた「倭人伝」についての検討をはじめ、その日の来るのを楽しみに待っていた。

だが一九八四年秋、彼は父親の側からみた教育問題を描いた映画の完成直前に、突如としてこの世を去った。誠実で才能豊かな板谷君の卑弥呼像を観ることができなくなったのは何としても残念だが、私は実現はしなかったが板谷君への協力の約束を果たすつもりで、その後も卑弥呼に拘わりつづけた。本書はご覧の通りの内容でしかないが、板谷君に捧げたいと思う。

本書の内容を具体化するうえで、もっとも大きな影響を与えられたのは、故石母田正氏の『日本の古代国家』に述べられている卑弥呼の王権論である。石母田氏からはさまざまな学恩を蒙っているが、本書もその一つである。果たしてどの程度まで氏の王権論を批判的に発展できているかは心許《こころもと》ないが、あらためてその学恩に感謝したいと思う。

本書では考古学の諸成果を積極的に吸収することに努めた。古代史研究にあたっての考古学の重要性をあらためて痛感させられたのは、十三年に及ぶ岡山生活で、近藤義郎氏をはじめとする考古学研究会の人びととの交流である。

また本年四月から国立歴史民俗博物館の弥生時代の戦争をテーマとする共同研究のメンバーに加えて頂き、佐原真氏をはじめとする人びとと隔意なく議論する場を与えられたことも大きな刺激になった。何分にも一考古学ファンに過ぎないため、その成果の理解や引用の仕方などで誤りを犯していることと思われる。それらの点については忌憚のない御批判を仰ぎたいと思っている。

本書出版の依頼を受けたのは一九八九年のことで、その内容は日本の原始社会から古代国家の崩壊までを新書版一冊にまとめるというものだった。作業を始めてみて一冊に収まらないことに気付き、いくつかの分冊とすることとし、本書を第一冊とすることになった。依頼されてから六年を経過し、企画の大幅な変更があったにも拘らず、本書の脱稿を辛抱づよく待たれたことに対しては感謝のほかはない。企画の段階でお世話になった長嶺啓治氏、校正等で御面倒をかけた志波泰男氏にあらためて御礼を申し上げる次第である。

一九九五年十一月二十日

吉　田　晶

# 参考文献

〔序章〕

①「倭人伝」については長年にわたる多面的な研究があり、それぞれを列挙するだけでも一冊の書物を必要とする。研究史の大要を知るうえで有益な書物を挙げると次の通りである。
・三品彰英編著『邪馬台国研究総覧』一九七〇年　創元社
・佐伯有清『研究史　邪馬台国』一九七一年　吉川弘文館
・佐伯有清『研究史　戦後の邪馬台国』一九七二年　吉川弘文館
・佐伯有清編『邪馬台国基本論文集』Ⅰ・Ⅱ・Ⅲ　一九八一年　創元社
・鈴木靖民『古代国家史研究の歩み』一九八一年　新人物往来社
・岡本健一『邪馬台国論争』一九九五年　講談社
②考古学からの三世紀社会に関する研究は数多いが、それぞれの研究者の顔が見えるかたちで、紀元前四世紀から紀元後五世紀までの歴史のなかで卑弥呼の時代を論じた田中琢『倭人争乱』（一九九一年　集英社版『日本の歴史②』）は有益な書物である。

〔第一章〕

①榎一雄『榎一雄著作集』第八巻　邪馬台国　一九九二年　汲古書院
②岡田英弘『倭国の時代』一九七六年　文藝春秋社

③山尾幸久『日本古代王権形成史論』一九八三年　岩波書店
④大庭脩『親魏倭王』一九七一年　学生社
⑤角林文雄『倭と韓』一九八三年　学生社
⑥弘中芳男『古地図と邪馬台国』一九八八年　大和書房
⑦西嶋定生『邪馬台国と倭国』一九九四年　吉川弘文館
⑧篠原俊次「『魏志』倭人伝の海上里程と『南州異物志』」『古代学研究』一二九号　一九九三年
⑨吉田晶「魏志倭人伝の史料的価値をどう考えるか」『新視点　日本の歴史2　古代篇』一九九三年　新人物往来社

〔第二章〕

①近藤義郎編著『楯築弥生墳丘墓の研究』一九九二年　楯築刊行会
②鳥居龍蔵「倭人の文身」『鳥居龍蔵全集』第一巻『有史以前の日本』所収　一九七五年　朝日新聞社
③金関丈夫『発掘から推理する』一九七五年　朝日新聞社
④大林太良「東亜・東南アジア・オセアニアの文身と他界観」金関丈夫先生古稀記念『日本民族と南方文化』所収　一九六九年　平凡社
⑤大林太良『邪馬台国』一九七七年　中公新書
⑥三品彰英「民族学から見た『魏志』倭人伝」同論文集第三巻『神話と文化史』所収　一九七一年　平凡社
⑦高山純『縄文人の入墨』一九六九年　講談社
⑧設楽博己「線刻人面土器とその周辺」『国立歴史民俗博物館研究報告』二五　一九九〇年

⑨伊藤純「古代日本における黥面系譜試論」『ヒストリア』一〇四号　一九八四年
⑩石川栄吉『南太平洋物語』　一九八四年　力富書房
⑪モルガン『原始社会』、F・エンゲルス『家族、私有財産および国家の起源』
⑫田中良之『古墳時代親族構造の研究』　一九九五年　柏書房
⑬佐原真「弥生時代の戦争」　国立歴史民俗博物館編『邪馬台国時代の東日本』　一九九一年　六興出版
⑭横浜市歴史博物館『弥生の〝いくさ〟と環濠集落』　一九九五年　開館記念特別展図録
⑮大阪府立弥生文化博物館編『弥生文化』　一九九一年　平凡社
⑯未開社会と法に関する参考文献
・マリノウスキー『未開社会における犯罪と慣習』青山道夫訳　一九八四年　新泉社
・ラドクリフ＝ブラウン『未開社会における構造と機能』青柳まちこ訳　一九七五年　新泉社
・エヴァンス、プリチャード『ヌアー族』向井元子訳　一九七八年　岩波書店
・千葉正士編『法人類学入門』　一九七四年　弘文堂
⑰国語学に関する辞典
・『時代別国語大辞典　上代編』　一九六七年　三省堂
・『岩波古語辞典』　一九七四年　岩波書店
・『日本国語大辞典』二〇巻　一九七六年　小学館
⑱諸橋轍次『大漢和辞典』全十三巻第三版　一九七一年　大修館書店。とくに同書の引用する段玉裁『説文解字注』に注意。

⑲武田幸男「魏志東夷伝にみえる下戸問題」佐伯有清編『邪馬台国基本論文集』Ⅲ所収　一九八二年　創元社
⑳原島礼二『日本古代社会の基礎構造』一九六八年　未来社
㉑近藤義郎「共同体と単位集団」『考古学研究』六―一　一九五九年
㉒金関丈夫『発掘から推理する』一九七五年　朝日新聞社
㉓吉田晶「魏志倭人伝の文身について」『歴史科学』一〇〇号　一九八五年、同「古代の法と規範意識」『日本の社会史』5　一九八七年　岩波書店、同「魏志倭人伝の風俗記事から何がわかるか」『新視点　日本の歴史2』一九九三年　新人物往来社

〔第三章〕

①西嶋定生『邪馬台国と倭国』一九九四年　吉川弘文館
②牧健二『日本の原始国家』一九六八年　有斐閣
③井上光貞「邪馬台国の政治構造」一九六六年　石井良助ほか編『シンポジウム邪馬台国』山川出版社
④都出比呂志『日本農耕社会の成立過程』一九八九年　岩波書店
⑤高倉洋彰「弥生時代における国・王とその構造」『九州文化史研究所紀要』三七号　一九九三年
⑥近藤義郎編著『楯築弥生墳丘墓の研究』一九九二年　楯築刊行会
⑦渡辺貞幸「古代出雲の栄光と挫折」『大和政権への道』一九九三年　日本放送教育協会
⑧モルガン『古代社会』、エンゲルス『家族、私有財産および国家の起源』
⑨石川栄吉他編『文化人類学事典』一九八七年　弘文堂

⑩武末純一「環濠集落から居館へ—西日本を中心に—」『古代の豪族』一九九二年　泉南市
⑪橋口達也「弥生時代の戦い」『考古学研究』一六五号　一九九五年
⑫日野開三郎「邸閣—東夷伝用語解の2—」『東洋史学』六号　一九五二年
⑬松木武彦「弥生時代の戦争と日本列島社会の発展過程」第四一回考古学研究会総会報告　一九九五年
⑭吉田晶「卑弥呼の王権について」『岡山の歴史地理教育』二三号　一九九二年

〔第四章〕

①西嶋定生「皇帝支配の成立」『岩波講座世界歴史』古代4　一九七〇年
②西嶋定生「倭面土国出典攷—倭国の出現と関連して—」『就実女子大学史学論集』5　一九九〇年、同「『倭国』出現の時期と東アジア」『アジアの中の日本史』2　一九九二年　東京大学出版会、同『邪馬台国と倭国』一九九四年　吉川弘文館
③町田章「三雲遺跡の金銅四葉座金具について」『古文化談叢』二〇上　一九八八年
④金関恕「卑弥呼と帯方郡」『弥生人の見た楽浪文化』一九九三年
⑤橋口達也「弥生時代の戦い」『考古学研究』一六五号　一九九五年
⑥松木武彦「弥生時代の戦争と日本列島社会の発展過程」『考古学研究』一六四号　一九九五年、ならびに同年七月二日に行なわれた第四一回考古学研究会総会報告とレジメ参照。
⑦田中琢『倭人争乱』一九九一年　集英社
⑧春成秀爾「最後の銅鐸」国立歴史民俗博物館編『邪馬台国時代の東日本』一九九一年　六興出版
⑨春成秀爾「銅鐸の時代」『国立歴史民俗博物館研究報告』一　一九八二年

⑩車崎正彦「東日本の環濠集落」⑧に同じ。

〔第五章〕

①石母田正『日本の古代国家』一九七一年　岩波書店
②牧健二『日本の原始国家』一九六八年　有斐閣
③重松明久『古代国家と道教』一九八五年　吉川弘文館
④大林太良『邪馬台国』一九七七年　中公新書
⑤三品彰英『邪馬台国研究総覧』一九七〇年　創元社
⑥近藤義郎『前方後円墳の時代』一九八三年　岩波書店
⑦西村敬三「卑弥呼の遣魏使『都市牛利』について」『季刊邪馬台国』五五号　一九九四年
⑧吉田孝「魏志倭人伝の『都市』」『日本歴史』五六七号　一九九五年
⑨大庭脩『親魏倭王』一九七一年　学生社
⑩井上光貞「邪馬台国の政治構造」『シンポジウム邪馬台国』一九六六年　山川出版社
⑪栗原朋信「魏志倭人伝にみえる邪馬台国をめぐる国際関係の一面」『史学雑誌』七三―十二　一九六四年
⑫小林行雄『古墳時代の研究』一九六一年　青木書店
⑬田中琢『倭人争乱』一九九一年　集英社
⑭森浩一『考古学と日本古代』一九九四年　中央公論社
⑮王仲殊『三角縁神獣鏡』一九九二年　学生社
⑯平野邦雄「邪馬台国論へのあらたな視角」、同著『大化前代政治過程の研究』一九八五年　吉川弘文館

⑰西村真次「日本古代市場の研究」『早稲田法学』第十一巻　一九三一年
⑱山尾幸久「邪馬台国と狗奴国との戦争」　歴博フォーラム『邪馬台国時代の東日本』　一九九一年　六興出版
⑲橋口達也「弥生時代の戦い」『考古学研究』一六五号　一九九五年
⑳寺沢薫「纏向型前方後円墳の築造」『考古学と技術』　同志社考古学シリーズⅣ　一九八八年
㉑田中新史「神門三・四・五号墳と古墳の出現」　歴博フォーラム『邪馬台国時代の東日本』　一九九一年　六興出版
㉒白石太一郎「邪馬台国時代の畿内・東海・関東」　歴博フォーラム『邪馬台国時代の東日本』　一九九一年　六興出版
㉓近藤義郎「前方後円墳の成立をめぐる二つの課題」『岡山市矢藤治山弥生墳丘墓』　一九九五年、同「大和の最古型式前方後円墳と宮山型特殊器台」『みずほ』十六号　大和弥生文化の会　一九九五年
㉔吉田晶「卑弥呼の王権について」『岡山の歴史地理教育』二三号　一九九二年

# 『卑弥呼の時代』を読む

小笠原好彦

『卑弥呼の時代』は、一九九五年（平成七）十二月に新日本出版社から刊行された。著者の吉田晶氏は、他の著書である『日本古代国家成立史論』（一九七三年）にみるように、日本の古代国家が原始的な社会構成から、どのようにして成立したかの解明に取組んだ古代史研究者である。古代国家の成立過程の研究には、著名なエンゲルス『家族・私有財産および国家の起源』があり、吉田氏は、古代国家の成立を述べるには、まず『起源』への回帰からはじめることが不可欠とした研究者である。

邪馬台国や女王の卑弥呼のことは「魏志倭人伝」に記されている。「魏志倭人伝」は、晋の著作郎の地位にあった陳寿が太康年間（二八〇〜二八九）に撰述した『三国志』に収録されている。この『三国志』は、魏書三〇巻・蜀書一五巻・呉書二〇巻の全六五巻からなり、「魏志倭人伝」は、「魏書」巻三〇に東夷伝があり、その東夷伝の倭人条の略称である。陳寿は、三国時代の二三三年（蜀年号の建興一一）に蜀に生まれ、二九七年（元康七）に六五歳で没したので、卑弥呼とほぼ同時代の人であった。

「魏志倭人伝」（以下は「倭人伝」と記す）の本文は、全部で二〇〇八字からなり、その記述は吉田氏が述べるように、

A　帯方郡からの行程と伊都国など諸国に関する記事
B　倭国の習俗、社会生活、特産品などの記事
C　倭国の政治体制と卑弥呼が邪馬台国の王となった経緯
D　倭国と魏との外交関係の記事

から構成されている。

『卑弥呼の時代』は、吉田氏が邪馬台国・卑弥呼を日本の原始社会から古代国家が成立する最初の段階に位置づけて「倭人伝」を検証し、考古学資料によって裏づけを試みたものである。しかも、吉田氏はエンゲルスの『起源』を踏まえるとともに、今一つ石母田正氏が『日本の古代国家』（一九七一年）で、邪馬台国・卑弥呼については、国際的契機、国際関係を重視すべきことを問題提起したのに対し、これに応えようとしたものである。

本書の記述は、ほぼ「倭人伝」の構成に則して章立して述べている。

まず、吉田氏は、Aにあたる帯方郡からの行程と位置論では、陳寿が「倭人伝」を書いた素材の史料に言及する。これには、魏王朝と倭国との公的な外交記録、さらに魏から帯方郡に派遣された梯《てい》儁《しゅん》、朝政ら使節の復命書があったとする。また先行する王沈《おうしん》の『魏書』、魚豢《ぎょかん》の『魏略』との関連に

もふれている。倭国には二四〇年、二四七年の二回、魏の使節が訪れたが、いずれも伊都国（福岡県糸島市）までであり、その先へは行っていない。魏のすべての使節は「郡の倭国に使するや、皆津に臨みて捜露し、文書・賜遺の物を伝送して女王に詣らしめ、差錯するを得ず。」と記しており、伊都国にとどめられ、外交文書や賜物は一大率が女王のもとに伝達している。

吉田氏は邪馬台国の位置の記述では、連続式と榎一雄説による放射状式とがあり、伊都国までは連続式で読み、伊都国からは伊都国を起点に放射状に読むべきとする。しかし「水行十日陸行一月」については、榎氏による「水行すれば十日、陸行すれば一月」の読みは、水行と陸行の距離に差はないとして無理があり、「水行して十日、さらに陸行すること一月」と理解する。そして、邪馬台国の位置は、たとえ放射状に読んでも九州とはいえないとしている。

つぎに、Bの倭人の習俗では、黥面文身に対し、文献や考古学資料によって検証する。「倭人伝」では男子は大小となく皆、黥面文身したと記しているが、国ごとに異なる文身は、国の戦士の標識と理解している。そして卑弥呼の登場をめぐっても戦争があり、卑弥呼の晩年には狗奴国との戦争があったので、この時代は軍事的な緊張時代であったとしている。

また、「倭人伝」は、倭人社会は「国」をなしており、社会は「大人」と「下戸」からなり、大人は支配的地位にあったことを述べる。

この陳寿の「倭人伝」に記す「国」を、吉田氏は「倭国」と「女王国」、固有名詞の「末盧国」「伊都国」「奴国」など三種があるとする。倭国は『後漢書』に「倭国王」とあり、二世紀初頭に倭国と記している。女王国は邪馬台国を別称したもの。固有名詞の「国」は、対馬国・一支国・末盧国・伊都国・奴国・不弥国・投馬国・邪馬台国・狗奴国などで、戸数、官も記されている。

しかし、このような「国」の実態は、「倭人伝」の記述では限界があるとして、考古学による弥生時代の研究成果に具体的な拠り所を求めている。

そして、弥生中期以降の畿内にみるような環濠集落をなす拠点的集落を中心とする地域的な結合体（第一類型）、また郡的な規模の地域的な結合体（第二類型）、さらに吉備地域の特殊器台・特殊壺にみる地域的な結合状態と山陰地域の四隅突出型の弥生墳丘墓にみる地域的な結合状態（第三類型）の三類型を析出する。そして「倭人伝」に記す千戸ないし数千戸の「国」は第二類型、邪馬台国の七万余戸は第三類型とみなしている。

つぎに、Cの王の出現と倭国乱に対し、倭人社会の「王」は、『後漢書』に、建武中元二年（五七）に倭の奴国が貢物を献上し、光武帝から印綬を賜っている。吉田氏は、この奴国は福岡平野の須玖・岡本遺跡を中心に形成された国で、王のもとで金属製品やガラスなどを生産し、瀬戸内・四国・壱岐・対馬などに供給していたとする。一〇七年ころ、倭国社会で戦争があり、このような小国の上にたつ倭国王が誕生し、後漢に使節を派遣し、倭国王として承認されたとしている。

ところで、弥生時代は鉄と銅を併せて使用した時代だった。しかし、日本では鉄も銅も生産できず、大陸に求めていた。とりわけ鉄は、『三国志』の「韓伝」に、「国は鉄を出し、韓・濊・倭皆従いて之を取る。」と、倭も鉄を輸入していたと記している。吉田氏は、朝鮮南部の鉄は、北九州から瀬戸内、畿内、東海、関東へ供給されたことを想定し、一方で日本海沿岸やその他の地域も鉄の入手を求めて通交したものと推測している。

この朝鮮南部からの鉄の入手では、吉田氏が述べる北部九州地域、出雲地域の他に、但馬・丹後地域の弥生後期の墳丘墓に、鉄製武器の副葬が顕著にみられることが注目される。畿内に運ばれた鉄は、北部九州からだけでなく、但馬・丹後地域によるものも少なくなかったことを考える必要がある。

「倭人伝」は、倭国で内乱がおこり、この内乱を終わらせるため卑弥呼を「共立」して王にしたと述べる。これに対し、吉田氏は、卑弥呼以前に王をだしていた地域、内乱の時期、内乱の地域、内乱の原因、卑弥呼を共立する主体勢力などを問題にしている。

さて、卑弥呼に対しては、石母田正氏が、卑弥呼は国内を向く顔と国際関係という外部を向く顔とがあったとし、東アジアの国際関係と、一方で卑弥呼の王権が倭人社会内部のどのような矛盾から生まれたのかを問題にしている。

この石母田氏の問題提起を批判的に継承しながら、吉田氏は、倭人社会と関連する国際的契機の性格と、社会的分業の展開による倭人社会の矛盾、また共立された卑弥呼が、なぜシャーマンの性格をもったのかを問題にしている。そして、やはり三世紀の邪馬台国を考えるには、邪馬台国の位置論は避けがたいとし、邪馬台国は奈良盆地とみなし、さらに狗奴国の位置にも言及している。

『卑弥呼の時代』は一九九五年（平成七）に刊行されたものである。これを超える邪馬台国・卑弥呼に言及した著作は、今日でも、見当たらないといってよいであろう。とはいえ、その後に刊行された参考にすべきものとして、

大庭脩編『卑弥呼は大和に眠るか』文英堂　一九九九年
武光誠『邪馬台国と大和朝廷』平凡社　二〇〇四年
直木孝次郎『邪馬台国と卑弥呼』吉川弘文館　二〇〇八年
西谷正『魏志倭人伝の考古学』学生社　二〇〇九年
仁藤敦史『卑弥呼と台与』山川出版社　二〇〇九年
塚口義信『邪馬台国と初期ヤマト政権の謎を探る』原書房　二〇一六年

をあげておく。

さて、一九八一年（昭和五六）夏、筆者は古代史研究者の岸俊男氏を団長とする中国訪中団に参加し、初めて中国の北京・西安・洛陽・鄭州の都城遺跡を十三日にわたって踏査した。この訪中団に吉田氏も副団長として同行された。訪れた西安では唐大明宮の含元殿跡の発掘状況を見学し、洛陽では漢魏洛陽城跡を訪れた。しかし、漢魏洛陽城跡の発掘は未着手で、城壁を眺めただけであったが、魏王朝から卑弥呼が金印紫綬、一〇〇面の鏡を賜ったことを思い起こした。吉田氏も、本書の執筆に際

発掘された曹魏の洛陽城跡の太極殿跡（小笠原撮影）

して漢魏洛陽城を訪れたことを回想したであろう。

筆者は、その後も、漢魏洛陽城跡を数回重ねて訪れており、二〇一七年（平成二九）五月に、発掘された版築して築いた東西五〇メートル、南北六〇メートルをなす曹魏の太極殿基壇の東半部を見学し、基壇上に登ることができた（写真）。そして、元は東西一〇〇メートルをなす巨大な基壇上を歩きながら、吉田氏が『卑弥呼の時代』に記した卑弥呼の国際外交のことに思いをめぐらせた。

また、吉田氏が岡山大学教授だったころ、岡山大学で定期的に開催された考古学研究会の常任委員会で、しばしばお会いした。じつに真摯な古代史研究者であることに、畏敬の念を抱いただけでなく、『現代と古代史学』

（一九八四年）に、研究者としての生き方を学んだことを記しておきたい。

（滋賀大学名誉教授）

本書の原本は、一九九五四年に新日本出版社より刊行されました。

著者略歴
一九二五年　兵庫県生まれ
一九四九年　京都大学文学部史学科卒業
大阪電気通信大学教授、岡山大学教授、甲子園大学教授を歴任、岡山大学名誉教授、文学博士
二〇一三年　没

〔主要著書〕
『日本古代社会構成史論』（塙書房、一九六八年）、『日本古代国家成立史論』（東京大学出版会、一九七三年）、『日本古代村落史序説』（塙書房、一九八〇年）、『古代日本の国家形成』（新日本出版社、二〇〇五年）

読みなおす日本史

卑弥呼の時代

二〇二〇年（令和二）四月一日　第一刷発行

著　者　吉《よし》田《だ》晶《あきら》
発行者　吉川道郎
発行所　株式会社　吉川弘文館
郵便番号一一三—〇〇三三
東京都文京区本郷七丁目二番八号
電話〇三—三八一三—九一五一〈代表〉
振替口座〇〇一〇〇—五—二四四
http://www.yoshikawa-k.co.jp/
組版＝株式会社キャップス
印刷＝藤原印刷株式会社
製本＝ナショナル製本協同組合
装幀＝渡邊雄哉


ISBN978-4-642-07115-4

## 刊行のことば

現代社会では、膨大な数の新刊図書が日々書店に並んでいます。昨今の電子書籍を含めますと、一人の読者が書名すら目にすることができないほどとなっています。ましてや、数年以前に刊行された本は書店の店頭に並ぶことも少なく、良書でありながらめぐり会うことのできない例は、日常的なことになっています。

人文書、とりわけ小社が専門とする歴史書におきましても、広く学界共通の財産として参照されるべきものとなっているにもかかわらず、その多くが現在では市場に出回らず入手、講読に時間と手間がかかるようになってしまっています。歴史の面白さを伝える図書を、読者の手元に届けることができないことは、歴史書出版の一翼を担う小社としても遺憾とするところです。

そこで、良書の発掘を通して、読者と図書をめぐる豊かな関係に寄与すべく、シリーズ「読みなおす日本史」を刊行いたします。本シリーズは、既刊の日本史関係書のなかから、研究の進展に今も寄与し続けているとともに、現在も広く読者に訴える力を有している良書を精選し順次定期的に刊行するものです。これらの知の文化遺産が、ゆるぎない視点からことの本質を説き続ける、確かな水先案内として迎えられることを切に願ってやみません。

二〇一二年四月

吉川弘文館

読みなおす
日本史

- 時計の社会史　角山 榮著　二二〇〇円
- 漢 方 中国医学の精華　石原 明著　二二〇〇円
- 墓と葬送の社会史　森 謙二著　二四〇〇円
- 悪 党　小泉宜右著　二二〇〇円
- 戦国武将と茶の湯　米原正義著　二二〇〇円
- 大佛勧進ものがたり　平岡定海著　二二〇〇円
- 大地震 古記録に学ぶ　宇佐美龍夫著　二二〇〇円
- 姓氏・家紋・花押　荻野三七彦著　二四〇〇円
- 安芸毛利一族　河合正治著　二四〇〇円
- 三くだり半と縁切寺 江戸の離婚を読みなおす　高木 侃著　二四〇〇円
- 太平記の世界 列島の内乱史　佐藤和彦著　二二〇〇円
- 白 隠 禅とその芸術　古田紹欽著　二二〇〇円
- 蒲生氏郷　今村義孝著　二二〇〇円
- 近世大坂の町と人　脇田 修著　二五〇〇円
- キリシタン大名　岡田章雄著　二二〇〇円
- ハンコの文化史 古代ギリシャから現代日本まで　新関欽哉著　二二〇〇円
- 内乱のなかの貴族 南北朝と「園太暦」の世界　林屋辰三郎著　二二〇〇円
- 出雲尼子一族　米原正義著　二二〇〇円
- 富士山宝永大爆発　永原慶二著　二二〇〇円
- 比叡山と高野山　景山春樹著　二二〇〇円
- 日 蓮 殉教の如来使　田村芳朗著　二二〇〇円
- 伊達騒動と原田甲斐　小林清治著　二二〇〇円

吉川弘文館
（価格は税別）

## 読みなおす日本史

地理から見た信長・秀吉・家康の戦略　足利健亮著　二二〇〇円
神々の系譜　日本神話の謎　松前　健著　二四〇〇円
古代日本と北の海みち　新野直吉著　二二〇〇円
白鳥になった皇子　古事記　直木孝次郎著　二二〇〇円
島国の原像　水野正好著　二四〇〇円
入道殿下の物語　大鏡　益田　宗著　二二〇〇円
中世京都と祇園祭　疫病と都市の生活　脇田晴子著　二二〇〇円
吉野の霧　太平記　桜井好朗著　二二〇〇円
日本海海戦の真実　野村　實著　二二〇〇円
古代の恋愛生活　万葉集の恋歌を読む　古橋信孝著　二四〇〇円
木曽義仲　下出積與著　二二〇〇円

足利義政と東山文化　河合正治著　二二〇〇円
僧兵盛衰記　渡辺守順著　二二〇〇円
朝倉氏と戦国村一乗谷　松原信之著　二二〇〇円
本居宣長　近世国学の成立　芳賀　登著　二二〇〇円
江戸の蔵書家たち　岡村敬二著　二四〇〇円
古地図からみた古代日本　土地制度と景観　金田章裕著　二二〇〇円
「うつわ」を食らう　日本人と食事の文化　神崎宣武著　二二〇〇円
角倉素庵　林屋辰三郎著　二二〇〇円
江戸の親子　父親が子どもを育てた時代　太田素子著　二二〇〇円
埋もれた江戸　東大の地下の大名屋敷　藤本　強著　二五〇〇円
真田松代藩の財政改革　『日暮硯』と恩田杢　笠谷和比古著　二二〇〇円

吉川弘文館
（価格は税別）